б ⁴⁹. 1283.

AUX

HOMMES DE BONNE FOI,

SUR LES

QUESTIONS POLITIQUES

DE 1830.

PARIS. — IMPRIMERIE DE G.-A. DENTU,
rue du Colombier, n° 21.

AUX

HOMMES DE BONNE FOI,

SUR LES

QUESTIONS POLITIQUES

DE 1830.

PAR M. LE Vᵗᵉ DE SAINT-CHAMANS,

CONSEILLER D'ÉTAT, ANCIEN DÉPUTÉ.

A PARIS,

CHEZ G.-A. DENTU, IMPRIMEUR-LIBRAIRE,

RUE DU COLOMBIER, Nᵒ 21;

ET PALAIS-ROYAL, GALERIE D'ORLÉANS, Nᵒ 13

M DCCC XXX.

AUX

HOMMES DE BONNE FOI,

SUR LES

QUESTIONS POLITIQUES

DE 1830.

CHAPITRE PREMIER.

Introduction.

CET écrit est adressé aux hommes de bonne
foi, aux hommes assez éclairés pour comprendre
les grandes questions de gouvernement, assez
bons Français pour chercher la vérité, et lui
sacrifier la passion, l'esprit de parti et les opinions d'emprunt. Nous devons prévenir ces hommes de bonne foi qu'ils trouveront ici des doctrines assez singulières, assez étranges, très-nou-
velles surtout; car ils y trouveront les doctrines
de la Charte. Or, quoi de plus étrange, quoi de
plus bizarre, de plus inouï que les véritables

principes de la Charte, pour ceux qui ont fait leur cours de politique dans les journaux, les discours et les écrits du parti libéral ? Des idées anglaises, qui souvent même ne sont pas anglaises ; quelques théories générales du gouvernement représentatif, lesquelles ne sont au fond que la servile copie du gouvernement représentatif spécial de tel peuple, voilà ce qu'ils substituent à notre loi écrite : et, certes, l'on ne peut pas se placer sur un terrain plus éloigné de celui où nous sommes depuis deux ans, qu'en restant sur le terrain de la Charte. Nous croyons que ceux qui liront attentivement cet écrit sans une opinion faite et arrêtée d'avance, ne pourront en douter.

Nous dirons donc aux libéraux de bonne foi, qu'on les trompe sur tous les points ; qu'on les trompe sur les adversaires qu'ils combattent ; qu'on les trompe sur les chefs qu'ils prennent pour guides ; qu'on les trompe sur le sujet du débat actuel ; et qu'on place la question où elle n'est pas, pour ne pas la placer où elle est.

Et d'abord on les trompe sur les adversaires qu'ils combattent, en les représentant comme voulant détruire la Charte et rétablir l'ancien régime. Qu'on ne s'étonne pas de la persévérance des libéraux à dénoncer comme des ennemis de nos institutions, les hommes de l'opinion royaliste et les ministères qui en sont sortis; car, si l'on supprimait cette fausse accusation, il ne resterait rien dans tout ce qu'ils ont dit ou écrit contre nous depuis quinze ans. Qu'on leur ôte cette calomnie, tous leurs principes et toutes leurs conséquences, tous leurs argumens enfin pèchent par la base, et tombent. A leurs assertions (si intéressées, puisque c'est leur seul moyen de tromper la France), nous opposons d'abord une dénégation formelle. Y a-t-il des preuves à l'appui, de part ou d'autre? ils n'en donnent aucune à l'appui de l'attaque; tandis qu'une preuve qui nous paraît sans réplique pour la défense, c'est que les royalistes ont dirigé, durant six ans de suite, les affaires de l'Etat, et que la Charte subsiste, et que rien n'a été fait ni tenté contre la Charte; que rien n'a même été proposé de contraire à nos institutions, ni par un ministère royaliste, ni dans une Chambre composée en entier de royalistes. Il n'y a qu'une seule exception : la septennalité. Mais modifier dans les formes constitutionnelles, avec le concours des trois pouvoirs, un article de la Charte qui ne touche en rien aux principes fondamen taux, ce n'est assurément pas renverser la Charte et rétablir l'ancien régime; et les libéraux ont

prouvé qu'ils partageaient notre opinion sur ce
point, puisqu'à la même époque, ils réclamaient
unanimement le changement d'un article de la
Charte, par une loi qui abaissât l'âge de l'éligi-
bilité à trente ans au plus. Quant aux déclama-
tions sur les lois du droit d'aînesse et de la presse
proposées alors, elles sont sans aucun fondement
en ce qui touche l'observation de la Charte,
puisqu'elles ne contenaient aucun article qui y
fût contraire, et qu'elles ont été proposées dans
les formes constitutionnelles. Qui peut mieux
constater le respect des royalistes pour la Charte,
que l'impossibilité de trouver des matériaux pour
une accusation, malgré le zèle si infatigable et
l'esprit si expert de ceux qui en ont tant et
vainement cherché? Il est donc certain qu'on ne
peut appuyer sur aucun acte, sur aucune proposition des divers ministères et des diverses Chambres royalistes, l'imputation de vouloir renverser
nos institutions pour nous ramener au régime
absolu. Si quelques écrivains royalistes ont paru
pencher pour ce dernier gouvernement (et assurément ils ne sont qu'en très-petit nombre), ce
n'est qu'en théorie, et sans proposer d'en venir à
l'application; sous forme de regret plutôt que de
désir; et après tout, ce ne serait que de ces opinions individuelles dont on ne peut se faire une

arme contre aucun parti. On a adressé quelques reproches sur ce point à la Chambre de 1815, et fort injustement sans doute; car, si toutes les Chambres jusqu'ici se sont plus ou moins écartées de la Charte, la Chambre de 1815 est la seule à laquelle on ne puisse en faire un reproche, puisque l'ordonnance qui la convoquait avait déclaré que quatorze articles de la Charte étaient soumis à la révision, et puisque sa composition même était une infraction à la Charte, sous le rapport du nombre et de l'âge des députés. Aux yeux de la majorité royaliste de 1815, la Charte ne pouvait inspirer autant de respect, ne pouvait être aussi sacrée qu'elle le fut après l'ordonnance du 5 septembre 1816, lorsque le roi revint sur sa volonté précédente d'en modifier un si grand nombre d'articles. Ainsi, le renouvellement intégral adopté par la Chambre de 1815 ne peut pas lui être reproché, puisque l'article 37 de la Charte est un de ceux dont le roi avait provoqué la revision. L'accusation de vouloir détruire la Charte, n'est donc appuyée sur aucune preuve fournie par nos adversaires, et est combattue par la preuve sans réplique : que nous avons été en mesure de l'entreprendre, et que nous ne l'avons pas fait.

Aux preuves, nous allons joindre des témoi-

gnages, et ces témoins ne seront pas récusés par
nos adversaires, puisqu'ils sont des leurs, et qu'ils
nous connaissent bien. Nous nous en rapportons
aux hommes qu'on a désignés sous le nom du
parti de *la défection*. Qu'on les nomme comme
on voudra, peu nous importe; le fait certain,
c'est qu'ils ont changé d'amis et d'ennemis. Ces
hommes étaient dans nos rangs, et ont pensé,
parlé, voté comme nous de 1815 à 1824. Ces
royalistes, qui composaient la majorité de la Chambre de 1815, qui se ralliaient ensuite sous les
doctrines du *Conservateur,* qui cherchèrent long-
temps et réussirent enfin à porter leurs chefs au
ministère; qui, à chacune de ces époques, furent
toujours signalés par les libéraux comme les ennemis de la Charte et les partisans de l'ancien
régime; qui sont encore aujourd'hui accusés pour
ces époques, puisqu'on parle sans cesse de ce
parti qui, *depuis quinze ans,* veut saper et détruire nos institutions et établir l'absolutisme;
ces royalistes, si coupables depuis quinze ans,
les témoins que nous invoquons, en ont fait partie durant neuf ans. Eh bien! qu'ils parlent; que
pensaient-ils alors dans le fond de leur cœur de
cette accusation, portée contre eux et nous, de
conspirer contre la Charte? En reconnaissaient-
ils intérieurement la vérité, ou la dédaignaient-

ils comme une calomnie démentie par leurs actes? Ils pensaient, ils répondaient alors avec nous comme nous pensons, comme nous répondons aujourd'hui. Qu'ont-ils dit en arrivant dans le camp ennemi? Ont-ils avoué la conspiration ourdie depuis neuf ans? Ont-ils fait humblement la confession de leurs péchés contre la Charte, et en ont-ils obtenu le pardon par une contrition sincère? Ou bien ont-ils dit que les royalistes n'étaient point, jusqu'en 1824, des conspirateurs armés contre nos institutions, mais qu'ils le seraient dorénavant? qu'ils se séparaient· de nous parce qu'ils venaient de s'apercevoir (juste un tel jour de l'année 1824) que nous voulions renverser la Charte? Non, ils ne diront pas cela; ils ne le diront pas, parce qu'ils mentiraient, et ils en sont incapables. Les motifs de la séparation sont bien connus; ils condamnaient la direction ministérielle suivie alors; ils voulaient telle autre direction ministérielle : c'était évidemment alors une querelle d'hommes, et non de principes; mais s'étant trop rapprochés des *hommes* libéraux pour combattre avec eux les mêmes ennemis, ils ont été exposés à la contagion de leurs *doctrines,* et les ont gagnées.

La preuve qu'il n'était question d'abord que de querelles d'hommes et non pas d'opinions

pour ou contre la Charte, c'est que plusieurs des
hommes qu'on a le plus dénoncés depuis le 8 août
comme coupables d'absolutisme, étaient avec eux
à l'époque où s'est prononcée la séparation, et
que l'un des ministres du 8 août était le chef de
la scission. Voilà donc les témoins auxquels nous
en appelons; ils ont été assez long-temps dans
nos rangs; ils connaissent le fond de nos cœurs :
qu'ils livrent tous nos secrets à leurs nouveaux
amis; quelque scrupule les gêne-t-il? Nous les y
autorisons.

Si l'on trompe les libéraux de bonne foi en
leur représentant leurs adversaires comme des
ennemis de nos institutions, on ne les trompe
pas moins en leur montrant leurs députés comme
d'ardens amis de la Charte. *Vive la Charte !* est
écrit sur leurs drapeaux, mais non dans leurs
cœurs. Ils ne respectent la Charte ni dans les articles favorables aux libertés publiques, qu'ils
veulent étendre au-delà des limites qu'elle a posées, ni dans les articles favorables au pouvoir
royal, qu'ils violent ouvertement, ou dont ils
tentent d'entraver l'exécution. Ici les preuves ne
sont pas difficiles à trouver. Ils ont sans cesse
violé la Charte : 1° en délibérant sur des amendemens avant que le roi y ait consenti, contre le
texte formel de l'art. 46, article très-important,

de l'observation ou de l'inexécution duquel dépend entièrement l'initiative assurée au roi par la Charte ; 2° en discutant en séance publique des pétitions qui proposaient des lois nouvelles ou le changement des anciennes, contre le vœu de la Charte, qui ne permet de semblables discussions qu'en comité secret, nouvelle atteinte portée à l'initiative royale ; 3° en délibérant sur le budget avec tant de détail, en votant sur chaque ligne séparément, en réclamant sans cesse une spécialité encore plus obligatoire, de manière à s'emparer de toute la direction de l'administration, qui appartient au roi seul, suivant la Charte ; 4° en attaquant ouvertement ce droit reconnu par la Charte comme par le bon sens, le droit qu'a le roi de nommer seul ses ministres ; en prétendant arracher violemment ce droit au roi pour le transmettre à la Chambre par le moyen du refus de concourir avec son gouvernement, et par la menace du refus du budget.

Tous ces procédés sont une violation manifeste de la Charte ; et si l'on disait que quelques-uns des mêmes reproches ont été mérités par les Chambres précédentes, ce ne serait pas une excuse pour les chefs actuels du libéralisme. Le premier soin de la majorité de la dernière Chambre a été d'établir qu'il y avait eu des violations de la Charte, et qu'elle ne souffrirait pas qu'elles continuassent; de proclamer à la face de la France qu'elle voulait *rentrer* dans la Charte, *rentrer* dans l'ordre légal. Si donc elle a persisté dans la violation de la Charte, c'est que ses protestations étaient hypocrites; c'est qu'elle veut de la Charte dans ce qui sert ses entreprises démocratiques; c'est qu'elle ne veut pas de la Charte dans les articles qui déterminent l'étendue du pouvoir royal et en assurent les prérogatives. Nous le répétons donc : la Charte est partout, dans leurs discours, dans leurs écrits, dans leurs vivats, sur leurs drapeaux; mais elle n'est ni dans leurs actes ni dans leur cœur.

Il résulte de ces observations que les royalistes, qu'on accuse de vouloir renverser la Charte, la réclament, au contraire; et la réclameront plus efficacement dans l'intérêt et pour la défense du pouvoir royal; que les libéraux, au contraire, qui s'intitulent les défenseurs et les amis exclusifs de la Charte, la violent sans cesse et cherchent à la violer davantage, pour élever le pouvoir populaire, dont l'exercice leur est confié, au-dessus des deux autres pouvoirs, et pour réduire le roi, que la Charte nous montre comme chef suprême de l'Etat, au rôle d'une statue insensible, immobile, inanimée, placée sur un trône.

Voilà où est réellement la lutte, et c'est ce qui nous fait dire qu'on trompe encore sur ce point les libéraux de bonne foi. Ce que nous venons de dire suffit pour prouver que cette lutte n'est pas, comme on veut le leur faire accroire, entre la Charte et l'ancien régime, entre les libertés publiques et l'absolutisme, mais qu'elle existe entre ceux qui veulent usurper les droits du roi, reconnus par la Charte, pour en investir la Chambre démocratique, et ceux qui veulent maintenir dans toute son étendue l'autorité constitutionnelle du roi. Voilà la seule question en France, depuis quinze ans, entre les libéraux et les royalistes. Cette vaste question, qui se reproduit sans cesse, et a été débattue sous cent formes différentes, se trouve réduite à sa plus simple expression, dans la guerre qui existe en ce moment, et sera irrévocablement décidée par le résultat du conflit actuel, dont voici le sujet: Le roi peut-il, suivant la Charte, choisir et garder ses ministres, ou doit-il sur ce point prendre les ordres de la Chambre des députés? C'est cette question que nous allons discuter.

Deux dispositions de la Charte fournissent des argumens aux deux partis. La Charte dit que le roi nomme ses ministres : nous nous appuyons sur cette disposition, qui n'a pas besoin de commentaires. Mais la Charte dit qu'il faudra le concours des trois pouvoirs pour toute loi, et pour la loi du budget comme pour les autres. Or, disent nos adversaires, la Chambre des députés peut voter ou refuser le budget; elle refusera le budget jusqu'à ce que le roi ait renvoyé ses ministres et en ait nommé d'autres en qui elle ait confiance : comme il faut un budget, sous peine de périr, le roi est obligé de céder. La Charte a donc donné à la Chambre un moyen sûr de nommer les ministres; et puisqu'elle lui en a donné les moyens, elle a eu l'intention de lui en donner le droit. Il faut un peu plus d'explication pour arriver à ce résultat dans ce dernier cas que dans le premier; mais enfin un habile raisonneur vous y conduit d'une manière assez plausible, et paraîtrait établir le droit de la Chambre. Une seule chose nous embarrasse : que devient alors le droit du roi, si nettement établi? Ces deux droits ne peuvent pas subsister ensemble.

Il y a dans la Charte une autre disposition qui établit que des électeurs chargés des intérêts du peuple nomment les députés; nous ne nions pas que cette faculté pour les électeurs de nommer les députés se présente avec quelques apparences d'un droit positif. Mais l'habile raisonneur dont il vient d'être question ne serait pas plus embarrassé pour démontrer que ce droit appartient au roi.

Ainsi, de même que la Chambre des députés n'a pas confiance dans les ministres du roi, et ne votera le budget que si le roi en nomme d'autres qui lui plaisent, de même le roi n'a pas confiance dans les deux cent vingt-un députés qui lui ont refusé leur concours; il dissoudra toujours la Chambre, et ne proposera de budget que si les électeurs nomment d'autres députés qui lui plaisent. Les droits sont positifs de part et d'autre; l'analogie est parfaite : qui cédera? Il faut qu'il y ait concours entre le ministère et la Chambre, dit-on. —Convenu de part et d'autre. Ce concours n'existe pas. —Encore convenu. —Les électeurs disent au roi : Il faut donc renvoyer vos ministres. Le roi dit aux électeurs : Il faut donc renvoyer vos députés. L'on voit qu'il y a deux manières de rétablir le concours, et que la Charte fournit également au roi le droit de nommer les députés, puisqu'elle lui en fournit le moyen. Si l'on ne veut pas s'en tenir au droit positif exprimé dans la Charte pour le roi de nommer les ministres, pour les électeurs de nommer leurs députés; si l'on veut tirer du refus du budget un droit indirect et sous-entendu, il appartient aussi bien au roi de nommer les députés qu'à la Chambre de nommer les ministres. « Quoi! direz-vous, le roi pourrait refuser de proposer ou de sanctionner le budget, et au 1ᵉʳ janvier prochain il livrerait la France au désordre, aux convulsions, à une ruine certaine! » Et pourquoi le craindrait-il plus que vous? Verriez-vous du port ces terribles orages? Verriez-vous du haut des cieux ce tremblement de terre? En seriez-vous plus exempts que lui? La France sans budget ne périra-t-elle pas pour vous comme pour lui? Mais non, vous avez raison; vous connaissez bien le roi; s'il ne restait que ce parti à prendre, vous êtes bien sûrs que le roi céderait; qu'il ne pourrait se résoudre à la perte de la France, à la ruine de ses enfans; que, semblable à la mère du jugement de Salomon, il aimerait mieux vous céder ses droits les plus sacrés, que de voir ses enfans déchirés en morceaux. Heureusement pour la France il est d'autres moyens de résister à des entreprises aussi coupables qu'inconstitutionnelles; et *le chef supréme de l'Etat* saura, sans les misérables arguties qui tirent un prétendu droit du refus du budget, maintenir ses droits constitutionnels et, les défendre contre toute Chambre séditieuse qui voudrait attenter aux prérogatives de sa couronne.

« Ainsi, diront encore ceux qui trompent de-

puis si long-temps leurs adeptes, ainsi la Charte
a établi l'absolutisme, si les Chambres sont obli-
gées d'adopter ce qu'on leur propose, et si nous
restons sans défense contre des ministres qui veulent détruire les libertés publiques et nous ramener au régime du bon plaisir. »   .

Non, les Chambres ne sont point forcées d'a-
dopter tout ce qu'on leur propose; mais il est certain qu'elles ne peuvent refuser le budget : cette
question sera traitée avec plus de détail. Il n'en
résulte pas que la Charte les ait laissées sans défense contre un ministère dangereux. Supposons
un moment, avec nos adversaires, que le ministère ait le projet de renverser la Charte : n'avons-
nous d'autre moyen de défense que le refus du
budget?

Nous vivons sous des lois constitutionnelles;
l'on ne peut donc nous conduire à l'absolutisme
que par l'un de ces deux moyens : ou en les
changeant, ou en les violant. Si le ministère propose de les changer, les Chambres refuseront; si
le ministère les viole, les Chambres le mettront
en accusation. L'on voit donc que l'on trouve
dans la Charte des moyens suffisans pour rassu-
rer sur ces craintes sans cesse reproduites (même
quand elles ne seraient pas chimériques), et que
l'on n'a pas besoin de ce refus du budget, arme

des factions, qui ne s'en serviraient que pour forcer le roi à prendre pour ses ministres les ennemis de son autorité.

Assurément, avec ces deux garanties contre tout ministère qui menacerait la Charte; avec la garantie, plus sûre encore, des sermens du roi; avec la garantie de la Chambre des pairs, gardienne fidèle des lois, pouvait-il rester quelque crainte sérieuse aux hommes de bonne foi, et ne valait-il pas mieux pour le pays que la Chambre, respectant le droit du roi dans ses choix, ne lui eût pas refusé son concours, et n'eût pas interrompu le cours régulier d'une session qui l'aurait plus facilement délivrée du ministère en mettant au grand jour, *s'il y a lieu,* ces mauvais desseins et cette extrême incapacité dont elle l'accuse? Cette marche était sans danger, et conforme à la loi fondamentale. En est-il de même de la violente déclaration signifiée au roi par la majorité libérale de la Chambre, et qui lui imposait le renvoi de ses ministres? Le roi, saisi d'une juste indignation contre cette audacieuse prétention, a renvoyé la Chambre. La guerre est déclarée entre le roi et les signataires de l'adresse. Une autre Chambre va être élue: nous invitons les électeurs à bien peser l'importance et les conséquences de leur choix.

S'ils renvoient la même majorité, il y a trouble dans l'Etat; leur concours nécessaire avec le gouvernement du roi ne pourrait exister. Le concours de la Chambre des pairs avec une Chambre des députés libérale, ne peut exister davantage; et quand le roi céderait aux vœux, ou plutôt aux sommations d'une nouvelle adresse, le concours de la Chambre des pairs avec un ministère libéral serait également impossible. D'ailleurs, le roi est déterminé à maintenir les droits de sa couronne, et par conséquent les ministres. Si donc la même majorité était renvoyée à la Chambre, il y aurait impossibilité évidente d'agir dans cette position. Le chef *suprême* de l'Etat userait alors de ce pouvoir suprême pour faire rentrer dans leurs attributions et la Chambre des députés et les électeurs qu'elle aurait égarés jusqu'à les rendre complices de l'usurpation de la prérogative royale. Quoique les mesures qu'il prendrait dans ces circonstances difficiles fussent autorisées par la Charte, qui lui donne le droit et lui fait même un devoir d'assurer l'exécution des lois, et de forcer les individus comme les corps qui s'en écarteraient à rentrer dans la loi fondamentale, toutefois l'exercice de cette puissance, tirée de l'article 14, peut faire naître des inquiétudes. Les droits du roi, dans ce cas, ne sont pas exacte-

ment limités; ils sont contestés par les factieux
et par leurs dupes. L'on annonce, l'on provoque
une résistance passive; et l'on exciterait à une
résistance active, si l'on y voyait quelque possibilité de succès. La nomination d'une majorité
libérale nous jette donc dans les chances hasar-
deuses. Les électeurs consentiront-ils à nous en-
voyer ainsi les troubles, le désordre, peut-être
la guerre civile? Nous savons qu'on dira ici:
« La France était si paisible et si heureuse avant
« le 8 août! Pourquoi changer? pourquoi courir
« de tels risques pour quelques hommes qui ont
« envie de rester ministres? » Nous répondrons
d'abord aux libéraux : « Où est la preuve que la
France n'est pas paisible et heureuse depuis
le 8 août? — Comment! dit-on, l'inquiétude et
l'agitation qui sont répandues par toute la France,
ne sont-elles pas consignées chaque jour dans les
journaux de Paris et des départemens? Ne sont-
elles pas prouvées par les associations pour le refus de l'impôt, par les discours des électeurs, qui
serrent leurs députés dans leurs bras, par les réponses des députés, qui n'ont plus d'espoir pour
notre salut que dans leurs électeurs? — Nous le
voulons bien : mais ces journaux alarmistes de
Paris et des départemens, c'est vous qui les faites;
ces associations pour le refus de l'impôt, c'est

vous qui les avez faites; ces discours des électeurs,
c'est vous qui les faites; ces réponses des députés,
c'est encore vous qui les faites; toujours vous; et
s'il y a en effet inquiétude et agitation, depuis le
8 août, c'est donc vous seuls qui les faites. Là est
non pas la preuve, mais la cause du désordre. »

Une réflexion fort simple fera voir, d'ailleurs,
qu'on doit plutôt s'applaudir que s'effrayer de ces
inquiétudes et de ces agitations : elles prouvent
qu'on est dans la bonne voie. En 1828, les libéraux étaient contens; on leur avait fait quelques
concessions; ils espéraient en obtenir davantage
et de plus décisives; ils se tenaient fort tranquilles. Les royalistes étaient mécontens; mais
attendu qu'ils dédaignent comme au-dessous
d'eux, comme indignes de leurs principes ces
vieux moyens de révolution, ces menées d'intri-
gans et de factieux pour agiter les masses, ces
appels aux passions populaires; comme ils n'em-
ploient ni les souscriptions au profit des condam-
nés, ni l'appareil des assemblées préparatoires
d'élections avec un président et un bureau en
guise de club; ni des sociétés d'*aide-toi, le Ciel
t'aidera,* envoyant des circulaires dans toute la
France; ni les comités d'élection dans chaque
département; ni les émeutes de joie dans les il-
luminations; ni les émeutes de douleur dans les

enterremens; ni les ovations, les sérénades, les banquets pour leurs députés; ni les inquisitions sur les affaires de leurs voisins et les procès faits aux tiers, il s'ensuit que le mécontentement des royalistes ne trouble pas l'Etat. Il en a toujours été de même depuis la restauration. En 1819, les libéraux étaient satisfaits; nous glissions très-paisiblement par une pente douce et insensible vers l'abîme où devait s'engloutir la monarchie, et que ne voyaient pas tous ceux qui nous y menaient; l'opinion se pervertissait, l'armée se gagnait, le terrain était miné : rien de plus paisible que la France; pas l'apparence d'inquiétude; les royalistes gémissaient entre eux; les agitateurs étaient contens et tranquilles; et le peuple, qui ne connaît les évènemens que quand ils sont arrivés, ne pensait à rien. Mais sitôt que le gouvernement aperçoit les progrès du mal signalés par les élections, et qu'il veut se rapprocher des royalistes en 1820, le calme cesse : conspirations civiles, conspirations militaires, révoltes dans les départemens, émeutes de dix et vingt mille hommes dans Paris, inquiétude, trouble, agitation; le parti libéral n'était plus content. Alors, comme aujourd'hui, le calme de 1819 était inquiétant, les désordres de 1820 étaient rassurans; le mal et le danger étaient dans le calme de 1819.

le bien et la sécurité dans les inquiétudes et les troubles de 1820.

Si donc il y a aujourd'hui désordre et agitation, c'est parce que nous sommes rentrés dans la voie du salut pour la France. Il ne s'agit pas de tels ou tels hommes. Ce n'est pas pour des hommes qu'on court les risques d'une lutte violente, c'est pour les droits du roi, pour son droit légitime et constitutionnel de choisir ses ministres, c'est pour sauver la monarchie des serres de l'anarchie, qui était prête à la saisir. Si le roi cède un de ses droits constitutionnels, aucun autre ne lui est assuré dès qu'on voudra le lui ravir, et la volonté ne manquera pas. Il faut donc résister à tout prix.

Les électeurs peuvent nous préserver de ces tristes chances; et tous ils ont intérêt à les éviter. Ils sont tous producteurs; propriétaires, industriels, commerçans, ils ne prospèrent que par la consommation : la moindre crise arrête cette consommation. Dans le désordre, quelle sécurité y a-t-il pour les propriétés, les magasins, les usines? quelle garantie pour les contrats, les effets de commerce, le crédit public? Et pourquoi voulons-nous nous exposer à tant de maux? Jamais la France, jamais aucun État du monde a-t-il joui de plus de prospérité et de liberté que nous n'en

possédons depuis dix ans! Pourquoi tout com-
promettre? Parce qu'on a peur des mauvaises intentions des ministres qu'il a plu au roi de choisir; et pour une peur chimérique, vous vous jetez
dans un mal certain. Sur les onze dernières années, la France a été conduite neuf ans dans ce
système royaliste et anti-démocratique qu'on
vous peint comme un si redoutable monstre. Où
est le mal qu'il a fait? où sont les vexations? où
sont les citoyens opprimés? qui est-ce qui ne jouit
pas paisiblement de son bien, et de son travail?
N'a-t-on pas la liberté de tout faire, et souvent
même de très-mal faire; de tout dire, et souvent
de très-mal dire? Les leçons données au roi dans
les deux adresses d'entrée et d'adieu de la dernière Chambre, la licence et le débordement des
écrits, les associations, les banquets, les sérénades, les toasts et les discours, tout ne vous
prouve-t-il pas la liberté que vous possédez? et
sans doute l'abus qu'on en fait, et ne trouvez-
vous pas là, et là seulement, l'explication ou
plutôt la source des inquiétudes, des alarmes qui
sont venues troubler notre prospérité. L'on vous
trompe tous les jours par de grossiers mensonges;
l'on vous montre partout des absolutistes ennemis
de vos libertés; l'on vous fait craindre le ren-
versement de la Charte. Eh bien! fermez un

moment l'oreille à vos fascinateurs, raisonnez
froidement avec nous. En supposant que ce projet
de renverser la Charte existe et soit entré dans
la tête des ministres, examinez de quelle manière vous leur donneriez le plus beau jeu pour
parvenir au succès d'un tel dessein : est - ce en
repoussant les brouillons, en envoyant des députés qui consentent à concourir avec les ministres du roi , parce qu'ils reconnaissent au roi le
droit constitutionnel de les nommer à son gré,
ou même à son caprice? Mais alors tout reste
dans l'ordre régulier; aucun prétexte pour en
sortir, et ce n'est ni avec le roi et les deux
Chambres agissant suivant la marche ordinaire,
chacun dans le cercle de ses attributions, qu'il
est possible de consommer ou seulement d'entreprendre la destruction de la Charte. Mais si
vous nous placez hors de l'ordre régulier, si vous
forcez le roi à combattre l'un des pouvoirs pour
défendre contre ses entreprises les droits de la
couronne, ne fournissez-vous pas alors aux mal-
intentionnés un prétexte trop plausible, un moyen
trop facile pour accomplir leurs desseins? Ne leur
procurez - vous pas l'occasion de recourir à un
pouvoir extraordinaire, légal, mais mal limité,
qui peut servir leurs projets? Ne les autorisez-
vous pas à conclure, d'après les faits, que laisser

trop de liberté aux sujets, c'est les inviter à en abuser; qu'on les voit toujours se servir du pouvoir de défense qui leur est donné, pour en faire un pouvoir d'attaque et parvenir à un déplacement complet de la souveraineté, etc., etc.? Que d'argumens à présenter dans ce sens, trop cruellement appuyés par notre propre expérience, et quelle tentation de profiter de ce moment d'un pouvoir extraordinaire pour retirer une partie de ces libertés qu'on n'a pas pu supporter, et pour donner en échange à la nation l'ordre et le repos! Certainement, si une telle occasion s'offrait à tout autre qu'à un Bourbon qui a juré la Charte, et qui tiendra ses sermens, avouons franchement combien il y aurait plus de danger pour la Constitution et les libertés publiques dans cette seconde hypothèse que dans la première. Ainsi, ce qu'on propose aux électeurs pour faire échouer les prétendus projets contre la Charte, serait le seul moyen possible (s'il y en avait un) de les faire réussir : ce qui explique cette démence de la part des chefs du libéralisme, c'est que, dans la réalité, ce n'est point la Charte qu'il s'agit de servir, mais des ambitions privées.

Toutefois, nous craignons d'être injustes dans cette accusation d'ambition. Ce reproche ne pourrait être adressé qu'à ceux d'entre les libéraux

qui ne savent pas lire dans l'avenir : pour ceux
qui savent apprécier la situation réelle des affaires en France, il y a lieu au contraire d'ad-
mirer leur désintéressement et leur noble détache-
ment des choses de ce monde. Quoi de plus dé-
sintéressé en effet que de suivre constamment un
parti qui n'a pas une seule chance de succès,
qui ne peut jamais par conséquent ni les récom-
penser ni les dédommager? que de renoncer avec
persévérance aux places, aux honneurs, à tous
les avantages qui peuvent résulter pour eux-
mêmes, pour leurs enfans et leur famille, pour
leurs communes et leurs départemens, de la faveur de l'autorité; non pas qu'ils ne soient toujours sûrs d'obtenir justice, et qu'on ne respecte
religieusement leurs droits; mais il est si rare d'a-
voir des droits positifs, il se présente dans chaque occasion tant de personnes avec des titres à
peu près égaux, qu'il est tout simple, en pareil
cas, de donner la préférence à ses partisans : on
doit justice à tous, faveur à ses amis seulement.
Les libéraux ne peuvent donc attendre une bonne
chance que d'un ministère libéral : or, un ministère libéral est évidemment impossible. D'abord,
il faut le choix du roi; et si l'opinion du monar-
que peut varier entre les deux nuances de droite,
elle ne peut descendre jusqu'à aucune des nuan-

ces de gauche, parce qu'un souverain ne peut s'allier à un parti dont les doctrines sont incompatibles avec toute autorité. De plus, un ministère libéral ne pourrait s'accorder un moment avec la Chambre des pairs actuelle, ni avec aucune Chambre des pairs possible. A cela près d'un très-petit nombre de théoristes aveugles, les pairs ne peuvent, non plus que le roi, flotter plus loin qu'entre la droite et le centre droit. Pairie héréditaire et libéralisme sont incompatibles; c'est en vain qu'on tenterait de *libéraliser* la Chambre des pairs par une nombreuse création dans ce sens. Ces amés et féaux les pairs libéraux, avec leurs titres, les deux *SS.* qui précèdent leur nom, leurs armes, leurs riches manteaux, et même l'habit vert-pomme de leurs fils aînés, dont *le Constitutionnel* rit avec tant d'amertume, avec leurs priviléges honorifiques ou essentiels, ne pourront jamais sympathiser avec l'orgueil bourgeois des notabilités démocratiques. Les nouveaux pairs seraient séparés de l'opinion libérale, où ils auraient été pris par le fait même de leur nomination, soit qu'ils ne fussent libéraux que parce qu'ils n'étaient pas pairs, ce qui n'est pas impossible pour quelques-uns; soit parce qu'il est dans la nature des hommes de ne plus voir de la même manière les objets quand on est

placé dans un autre point de vue ; de regarder
avec envie, et d'attaquer les priviléges, quand on
y est étranger ; de les défendre et de les trouver
très - raisonnables et très - nécessaires, quand ils
existent à votre profit. Une majorité dans la
Chambre des pairs ne peut jamais appartenir à
un parti ennemi de toute noblesse, et qui déclare franchement que *la pairie héréditaire n'est
point dans nos mœurs et n'a point de racine
dans la nation.* Mais quand il arriverait, par mi-
racle, que le roi pût choisir un ministère libéral
et forcer la Chambre des pairs à le tolérer, ce ministère ne se maintiendrait pas un an ; car, dès
que les principes de son parti seraient mis en
pratique, l'autorité n'aurait plus de pouvoir, la
violence démocratique serait déchaînée, et la
tête hideuse de l'anarchie apparaissant dans le
lointain, réunirait tous les gens de bien de diverses nuances, comme en 1819, et ramènerait
au pouvoir les hommes monarchiques.

En vain dirait-on que les plus fougueux libéraux parvenus au pouvoir, verraient les objets
d'un autre œil, sentiraient tout le prix de l'ordre
et de l'autorité, et seraient disposés à adopter les
principes de tout ce qui veut gouverner : mais
ils le voudraient inutilement, ils ne le pour-
raient pas ; ils tenteraient en vain de démentir

leurs principes, ceux du temps où ils cher-
chaient à désorganiser, leur parti ne le souffrirait pas, les menacerait, les pousserait sans cesse
en avant; et comme il faudrait bien contenter
le parti qui seul les soutiendrait, ils tomberaient
en quelques instans frappés de ces mêmes armes
successivement dirigées par eux contre tous leurs
prédécesseurs. Il est évident pour tout homme
instruit dans les affaires par l'histoire uniforme
de tous les héros démocratiques, à laquelle nous
avons fourni tant de pages instructives, qu'il n'y
a pas une chance pour qu'un ministère libéral
parvienne et se maintienne au pouvoir : d'où
nous tirons la conclusion : qu'il y a lieu d'ad-
mirer le désintéressement des libéraux qui ont
assez de sens pour voir ce résultat positif, et
assez de noblesse dans le caractère pour conserver des opinions si contraires à leurs intérêts ;
mais que s'il y avait parmi eux des hommes qui
cherchassent un profit personnel dans leurs opinions libérales, et qui fussent si braves contre le
ministère présent, afin de faire d'avance leur
cour au futur ministère libéral, il n'y aurait certainement pas de calculateurs plus niais et plus
dupes.

La plupart des chapitres suivans ont pour but
d'appuyer et de développer les principes que

nous avons établis sur l'application de la Charte. Plusieurs de ces points exigent d'assez longues discussions, tant on nous a éloignés de la Charte, en lui substituant des idées étrangères et des notions générales du gouvernement représentatif, tout à fait hors de la question : car la Charte est la seule règle pour les Français; et il y a autant de gouvernemens représentatifs différens que de différens peuples soumis à cette forme de gouvernement, attendu que la même Constitution, avec toutes ses parties, n'a jamais pu, depuis le commencement du monde, être appliquée à deux nations.

~~~~~~

CHAPITRE II.

Du roi d'après la Charte, et de la responsabilité
des ministres.

Nous avons déjà parlé du roi ; nous en parle-
rons souvent, car nous pensons, quoi qu'on en
dise, qu'il doit avoir quelque influence dans le
gouvernement de son royaume. Nous commen-
cerons donc par examiner les doctrines établies
par les libéraux sur le rôle que le roi doit jouer
en France, suivant la Charte. A les en croire, le
roi n'a jamais d'opinion personnelle ; il n'agit ni
ne parle, et sans doute il ne pense même pas. Ils
lui donnent pour trône un lit d'or, avec des cous-
sins de roses ; ils le déchargent de tout le soin
des affaires, lui refusent tout crédit, toute influence dans l'Etat, et disent nettement que son
lot est de régner sans gouverner : en sorte qu'une
statue dorée, placée sur un trône, remplirait par-
faitement bien le rôle du roi, et que notre monarchie ressemblerait à ces théocraties où les ministres d'une idole de bois ou de marbre préten-

dent tout gouverner par l'ordre suprême de leur
dieu. Le résultat d'un tel système serait que des
ministres désignés par la Chambre, et révoqués
par elle, recevraient les ordres de la Chambre
pour l'ensemble des affaires comme pour tous les
détails de l'administration, rendraient compte à
la Chambre; et seraient contrôlés par elle. Et
c'est ce gouvernement qu'on voudrait nous donner pour une monarchie !

Ces fausses notions sur le rôle que doit jouer le
roi dans notre Constitution, nous viennent de
l'application de quelques phrases anglaises pré-
sentées comme des principes incontestables par
des demi-savans, qui trouvent plus facile d'ap-
prendre leurs leçons que de regarder, de connaître par soi-même, et de réfléchir. Ainsi, ils
ont appliqué à la France ce qui regardait l'Angleterre, sans faire attention aux différences considérables qui existent entre les Constitutions
des deux pays; et de plus, ils ont souvent vu en
Angleterre ce qui n'y existe même pas.

Le grand principe de toutes ces doctrines anti-
monarchiques est contenu dans cette phrase : *Il
ne faut point prononcer le nom du roi : cela
n'est point parlementaire ; cela n'est point constitutionnel.* Cherchons le sens exact de cette
phrase; car il saute aux yeux qu'elle ne peut

pas être vraie dans un sens absolu. Comment! il est reconnu de tous que le roi est l'un et le premier des trois pouvoirs, et que le roi est le chef suprême de l'Etat; le roi a des droits personnels longuement énumérés et soigneusement garantis dans la Charte; même, en établissant les attributions des autres pouvoirs, la Charte nomme encore le roi comme leur dominateur, comme provoquant ou suspendant leur action, comme influant sur leur composition; et quand la Charte nomme le roi à chaque ligne, il serait inconstitutionnel de prononcer le nom du roi? quand la Charte assure au roi la principale, la suprême part dans le gouvernement de l'Etat, le roi doit constitutionnellement s'abstenir de gouverner, et se borner à ce qu'on veut bien appeler *régner?* Voilà des doctrines assurément fort difficiles à comprendre pour ceux qui ne sont que des hommes de bon sens, et faites tout exprès pour ces esprits subtils, tels que ceux qui se sont chargés, depuis quelques années, de notre éducation politique. Au lieu de ces prétentions si contraires à la raison, cherchons le véritable sens de cette maxime : *Il ne faut jamais prononcer le nom du roi dans les Chambres.*

Chaque Chambre a un pouvoir particulier distinct de tout autre pouvoir, et qui n'est soumis à personne : c'est celui d'adopter ou de refuser les lois qui lui sont proposées. Ainsi, lorsqu'une Chambre discute une loi, elle doit donner son avis, ou plutôt user de son pouvoir dans sa conscience, et elle n'a point à recevoir d'ordre d'aucun autre pouvoir; sans quoi, elle ne serait plus elle-même un pouvoir. Ainsi, des députés dont on prétendrait influencer le vote sur telle loi, en leur disant : telle est la volonté du roi, telle est l'opinion de la Chambre des pairs, répondraient, avec grande raison : « Nous sommes consultés sur cette loi pour user de notre pouvoir de l'adopter ou de la rejeter, suivant que nous la trouverons utile ou nuisible au bien du royaume; si nous devions demander quelle est l'opinion de tel ou tel autre pouvoir, où serait le droit que nous a donné la Constitution? Nous décidons d'après notre conscience, et les autres pouvoirs en feront autant. » C'est dans ce sens qu'on a dit justement qu'il ne fallait pas prononcer le nom du roi, ni faire connaître son opinion sur une loi en discussion : par la même raison, l'on ne doit pas s'appuyer sur l'opinion de la Chambre des pairs, dans la Chambre des députés; et il a été regardé comme non moins contraire aux usages parlementaires, d'y nommer la Chambre des pairs, que d'y nommer le roi.

Remarquez, en passant, dans cette maxime

fondée en raison, la condamnation de la conduite que vient de tenir la dernière Chambre des
députés. Pourquoi est-il interdit, dans une discussion, de s'appuyer de l'opinion du roi? parce
que chaque pouvoir doit être maître dans ce qui
lui appartient, et que ce serait gêner la Chambre
dans l'exercice de ses attributions. Pourquoi est-
il interdit, dans une Chambre, de s'appuyer de
l'opinion de l'autre Chambre? parce que ce serait
la gêner dans l'exercice de ses attributions : par
la même raison, lorsque le roi nomme ses ministres, on ne doit pas lui représenter l'opinion
de l'une ou de l'autre Chambre, parce que ce
serait le gêner dans l'exercice de ses attributions. Ainsi, puisqu'il est défendu de prononcer
le nom du roi, et de citer son opinion devant la
Chambre, lorsqu'elle exerce la portion du pouvoir législatif qui lui appartient, il est également
défendu de prononcer le nom de la Chambre, et
de citer son opinion devant le roi, lorsqu'il
exerce le pouvoir exécutif qui lui appartient.
Mais, dira-t-on, puisque le ministère ne peut
rien faire sans les Chambres, il faut bien s'in-
former de leur opinion avant de le nommer. On
dirait aussi bien : puisque la loi que discute la
Chambre ne peut être rien sans le concours du
roi et de la Chambre des pairs, il faut bien s'in-

former de leur opinion avant de la voter. Il y a
analogie parfaite ; c'est le même principe à appliquer. L'on voit donc que, lorsqu'il s'agit de la
discussion d'une loi, l'on entend très-bien la
règle : *qu'il est défendu de prononcer le nom
du roi.*

Il est un second rapport sous lequel le nom
du roi ne doit pas être prononcé; c'est quand on
blâme, quand on attaque quelque mesure du
gouvernement. Il est généralement reconnu que
si le roi pouvait être blâmé, admonesté, mis en
accusation, il n'y aurait plus de royauté.

Cependant il fallait défendre les sujets contre
l'oppression et la violation des lois; car les rois
sont des hommes, ils peuvent errer. De là pour
le roi l'obligation de faire contresigner tous ses
actes par un ministre, et la responsabilité de ce
ministre. Le refus d'un ministre de contresigner
un acte d'oppression, un acte illégal dont il aurait à répondre, était la seule garantie possible
contre l'abus du pouvoir royal. Ainsi le roi ne
pouvant faire mal, tous les reproches ne pouvant
être adressés qu'aux ministres responsables, c'est
encore avec raison que, sous ce point de vue, l'on
a dit que le nom du roi ne devait pas être prononcé.

Mais de ce que le nom du roi ne doit pas être

prononcé dans ces deux cas, s'ensuit-il que le
nom du roi ne doive être prononcé dans aucune
circonstance? qu'il ne veuille, ni ne pense, ni
n'agisse? qu'il soit enfin comme s'il n'existait
pas? Cette prétention est absurde. Le roi est un
pouvoir; lorsqu'il use de ses droits constitutionnels, l'on peut, l'on doit le déclarer hautement.
Ainsi, si l'on demandait compte aux ministres
du placement ou du déplacement d'un employé
militaire ou civil, la meilleure, la seule réponse
à faire, est qu'il a plu au roi d'agir ainsi; et cette
réponse est très-parlementaire, quoiqu'elle con-
tienne le nom du roi, car elle est très-constitutionnelle. Toutes les fois que le nom du roi n'est
pas prononcé dans le but d'empiéter sur les attributions des autres pouvoirs, ou dans une intention d'accusation, il est permis, il est toujours
juste d'appuyer de cet auguste nom l'exercice
légal des droits de la couronne.

Cette manière de mettre de côté le roi, de
ne pas prononcer son nom, d'agir enfin comme
s'il n'était pas, est très-commode pour les hommes
animés d'un esprit républicain ou démocratique,
ou seulement d'un esprit d'opposition. On attaque
tout ce que fait le roi, même ses actes le plus
évidemment spontanés, toute la direction qu'il
donne à son gouvernement, jusqu'à ses paroles,

et sans jamais manquer de respect au roi, parce que ce sont les ministres qui agissent, qui font ses actes, qui dictent ses paroles. On n'est jamais obligé de respecter les volontés, ni les vœux, ni les affections du roi, parce que le roi ne veut, ni ne désire, ni ne sent, et que ses ministres veulent, désirent ou sentent pour lui. Aussi ce moyen commode a-t-il facilité dans tous les temps les entreprises des ennemis du pouvoir royal. Une première attaque contre le roi aurait d'abord révolté tous les esprits, peu préparés encore à oublier le respect héréditairement enraciné dans leur cœur pour leur noble maître; mais on attaque sans cesse toutes ses mesures en protestant de sa vénération pour le roi, et en les imputant à ses *conseillers perfides,* nom habituel des ministres; on rend son gouvernement odieux; et bientôt les fureurs contre les ministres servent de transition aux violences contre la majesté royale. Charles Ier et Louis XVI ne succombèrent qu'après la poursuite, la mise en accusation, le supplice ou l'assassinat de leurs ministres.

De ces funestes et terribles exemples, il ne faut pas conclure que l'on doive, servilement dévoué à l'autorité, approuver tout ce que font les ministres. Les ministres peuvent se tromper

ou tromper le roi; ils doivent errer plus que
d'autres, parce qu'ils ont plus à faire; une opposition décente et mesurée est alors un devoir;
mais si cette sage opposition à telle ou telle mesure qu'on j ge nuisible, est un droit et même
un devoir, il ne faut jamais oublier que toute
opposition fougueuse et générale contre tous les
actes du gouvernement et contre les personnes
investies de la confiance du roi, se couvre en
vain du nom d'attaque contre les ministres; que
les coups portent jusqu'au roi; et que les factieux
de tous les temps, les révoltés mêmes qui avaient
les armes à la main, protestaient sans cesse de
leur respect pour le roi, et prétendaient ne faire
la guerre qu'à ses ministres.

Examinons jusqu'à quel point, dans quel cas
et de quelle manière doit s'exercer l'influence
de la Chambre sur les ministres, suivant la raison, et surtout suivant la Charte, qui est notre
seule règle ici. Quel rapport ont les Chambres
avec les ministres? Aucun rapport nécessaire,
sauf dans deux cas : 1° quand ils apportent des
propositions de loi ou d'autres messages de la part
du roi; 2° quand des actes répréhensibles ont en-
gagé leur responsabilité. Nous nous expliquerons
tout à l'heure sur ce que nous entendons par ces
mots, *actes répréhensibles.* Hors ces deux cas,

les ministres n'ont de rapport qu'avec le roi, qui a sur eux une autorité absolue, qui les nomme et les révoque, leur délègue la part qu'il veut de son autorité, et peut seul leur donner des ordres. La Chambre n'a rien à demander aux ministres; à peine est-il nécessaire qu'elle les connaisse, qu'elle sache même leurs noms, jusqu'à ce qu'un acte de trahison ou de concussion appelle la responsabilité sur celui qui l'a contresigné. Le roi peut choisir et disposer son ministère comme il l'entend; la Chambre n'a rien à y voir, n'a pas même à s'en mêler, n'a aucun avis à donner sur les ministres du roi : il ne lui faut qu'un contreseing; dès qu'il existe, tout ce que veut la Constitution est assuré, et la Charte n'exige rien de plus. Peut-on dès lors concevoir qu'une Chambre qui ne doit connaître le ministère du roi que par ses actes, ait eu l'audace de porter au roi son avis sur les personnes de ses ministres, de lui déclarer qu'elles n'étaient pas de son goût, et qu'elle lui refuserait son concours pour la législation? Et cette Chambre n'avait pas d'autre cri de ralliement que la Charte!

L'influence de la Chambre sur les ministres doit donc s'exercer, non sur le choix des personnes, mais sur les actes de ceux qui ont été choisis suivant le bon plaisir du roi; et encore la

Chambre est-elle loin de pouvoir exercer cett r influence sur tous leurs actes, puisque la responsabilité qui lui donne un pouvoir positif su) les ministres, n'est engagée, suivant la Charte, que dans les cas de trahison et de concussion. Nous consentons à donner à ces deux mots toute la latitude possible; nous voulons bien reconnaître que tout acte d'oppression, tout acte illégal commis volontairement et sans une nécessité absolue, est renfermé dans ce mot de *trahison;* mais il s'ensuit aussi que tout acte où les attributions du pouvoir royal n'ont pas été dépassées, où il n'y a pas complot ou trahison dans le sens ordinaire de ce mot, n'engage pas la responsabilité des ministres. Ainsi, tous les choix que fait le roi, depuis l'adjoint du maire jusqu'au ministre, ne peuvent donner lieu à la responsabilité ministérielle, et ne regardent point les Chambres. Ainsi, un ministre interpellé sur une nomination ou une destitution, doit déclarer qu'il n'a aucun compte à rendre à la Chambre sur ce point, et que telle est la volonté du roi. Il en est de même pour tous les actes de l'administration, tant qu'ils sont renfermés dans les limites légales. De mauvaises mesures du gouvernement, les fautes et les erreurs n'exposent pas davantage les ministres à une accusation des Chambres;

car l'impéritie, l'ineptie même d'un ministre
n'entraîne pas de responsabilité suivant la Charte;
il n'y aurait pas plus de trahison que de concussion à être une bête. Mais, dira-t-on, à quoi
bon les Chambres, et quel moyen ont-elles
d'empêcher des mesures et un système funestes
au royaume? Nous l'avons déjà dit; le droit des
Chambres garantit contre toute nouvelle loi qui
serait nuisible; le droit d'accusation des ministres empêche que les anciennes lois ne soient
pas exécutées. Ainsi, la législation existante pré-
serve l'intérieur de toute chance bien fâcheuse;
la nécessité d'obtenir des fonds garantit contre
la prolongation d'une guerre imprudente ou insensée. L'incapacité même des ministres ne peut
donc amener de catastrophes très-fâcheuses, in-
térieures ou extérieures. D'ailleurs les effets de
cette incapacité sont bientôt assez sensibles pour
avertir le roi, et le cri de l'opinion suffirait encore, comme il suffisait sous l'ancien régime,
pour renverser de mauvais ministres. Mais qui
les jugera tels? S'en rapportera-t-on aux passions
de l'opposition parlementaire? Non. Répétons
que de mauvais choix du roi ne donneraient aucune prise aux Chambres, d'après la Charte. Le
roi a le droit d'errer, et l'on n'a pas le pouvoir
de faire, si l'on n'a pas le pouvoir d'errer. Trans-

portez à la Chambre des députés (comme elle entreprend de s'en saisir) le droit de diriger l'action du gouvernement et de juger si le roi a tort ou raison dans les actes de son autorité, et particulièrement dans le choix de ses ministres; vous ne faites que déplacer le droit d'errer; vous le donnez à la Chambre, et il est probable qu'elle en usera plus souvent et avec moins de remède; car elle aussi (et plus habituellement) elle a des conseillers perfides.

Résumons nos principes. On ne doit pas prononcer le nom du roi dans les occasions où les autres pouvoirs usent de leurs attributions, parce que ce serait en gêner l'exercice. On ne doit pas prononcer le nom du roi pour blâmer ou accuser les actes oppressifs ou illégaux du gouvernement, parce que le roi ne peut pas faire mal, et que les ministres sont responsables; mais, dans les autres cas, l'on peut et l'on doit prononcer le nom du roi. Le roi est l'un des trois pouvoirs et le premier; il a le droit d'avoir son opinion personnelle, et doit la consulter dans la direction de son gouvernement. Cela est vrai en fait et en droit. Quand la Chambre se plaint de la composition d'un ministère, y a-t-il une autre réponse possible que celle-ci : « Il a plu au roi de nommer ces ministres, et il ne doit à personne compte

de ses motifs? » Veut-on que pour éviter de prononcer le nom du roi, et pour échapper à la nécessité de lui reconnaître une opinion personnelle, on ne voie, par exemple, dans la création
du ministère actuel, que l'opinion de M. Bourdeau, qui a contre-signé l'ordonnance de nomination de M. de Polignac, et qu'on réponde : « Il
a plu à M. Bourdeau de faire ces choix? » L'on
dit qu'un ministre anglais, interpellé sur une destitution, répondit : « Le roi a destitué cet officier, parce que sa figure lui a déplu. » Cette réponse très-constitutionnelle, puisqu'elle n'avait
pour but que de maintenir le principe que le roi
n'avait point à rendre compte de ses motifs, eût
été ridicule et impertinente, si le ministre avait
dit : « Cet officier a été destitué, parce que sa
figure m'a déplu. » En tout, la Charte ne dit
point que les ministres proposeront la loi, nom-
meront à tous les emplois, seront chefs suprêmes
de l'Etat, dissoudront la Chambre des députés,
accroîtront celle des pairs, etc., etc.; la Charte
dit partout LE ROI, et toutes les fois qu'il s'agit
de l'exercice de la prérogative royale, il est très-
parlementaire et très-constitutionnel de dire : *Il
a plu au roi.* Avec ce système de ne voir nulle
part ni l'opinion, ni la volonté, ni le droit du
roi, et de ne voir partout que les ministres, il

n'y a plus de royauté en France, et nous sommes
en réalité dans une république; car qu'il n'y ait
pas de roi, ou qu'il ne puisse agir d'aucune façon, c'est précisément la même chose. Le nom
ne fait pas le roi; et nous ne voyons aucune dif-
férence entre le roi du collége des prêtres à Rome,
lequel a toujours subsisté durant la république,
et le roi de France à la façon des libéraux; tous
deux auraient le nom, sans aucun crédit sur la direction des affaires de l'Etat.

Qu'un royaliste homme de sens, peu initié
dans ces belles théories, croie que le roi est le
mieux placé pour juger de la meilleure direction
à donner au gouvernement, et trouve d'ailleurs
dans son cœur quelque reste (nous en connaissons qui diraient quelque vieux levain) d'amour
et de confiance envers son prince, quelque disposition à une aveugle obéissance; mais en vain
il cherchera cette direction royale pour la suivre
et l'appuyer de tout son pouvoir; où la trouvera-
t-il? Comment connaîtra-t-il l'opinion personnelle
du roi, puisque le roi n'a aucun moyen de l'exprimer? S'il parle à la Chambre, ce sont ses ministres; s'il improvise une réponse à des députa-
tions, ce sont ses ministres; s'il s'est expliqué
nettement dans des entretiens en public ou en
particulier, il n'est point constitutionnel de par-

ler de l'opinion du roi. C'est en vain que le roi
voudrait s'adresser solennellement à son peuple :
dès qu'il a été question de proclamation, ils ont
crié qu'on voulait les prendre par le sentiment.
Ah! ils n'ont rien à craindre : qu'ils cessent d'a-
voir des inquiétudes sur leur sensibilité; ils ont
trop bien pris leurs précautions; ils ont annoncé
d'avance que, si la proclamation était contre-signée, ce serait le ministre qui parlerait; que, si
elle n'était pas contre-signée, ce ne serait qu'un
article officiel du *Moniteur*. Les cœurs secs! Le
roi ne sera donc plus pour les Français cet être
privilégié qui les aime et en est chéri, dont l'âme
répond à leur âme, dont la voix émeut, le regard
enflamme, le péril électrise? le roi n'est plus pour
ces hommes qu'une abstraction, qu'un pouvoir
exécutif (qui toutefois encore n'exécutera rien
que sous le bon plaisir de la Chambre)? Plus de
ces nobles sympathies entre le prince et son peuple; plus de ces soudaines et vives impressions
que nos rois savaient si bien produire; il faudrait
de nos jours, qu'entre le regard majestueux de
Louis XIV et ses sujets, entre le sourire d'Henri IV et ses compagnons d'armes, un ministre fût
toujours interposé.

Et notez que, lorsqu'on refuse au roi le droit
d'avoir une opinion, c'est dans un pays où cha-

cun prétend en avoir une; que lorsqu'on veut empêcher le roi de faire connaître et de publier son opinion, c'est dans un pays où le dernier citoyen a le droit de publier la sienne, et en abuse si fréquemment.

Gouverner la France dans ce système, c'est nous donner une pure république, avec un nom de roi pour faire illusion aux dupes. Nous ne savons si un pareil gouvernement peut subsister ailleurs, appuyé sur de semblables doctrines; mais nous pouvons répondre qu'il ne s'acclimatera jamais en France, et que nous ne nous soumettrons point à la domination absolue d'une Chambre populaire. Nous prononcerons le nom du roi comme la Charte le prononce; nous croirons qu'il peut avoir une opinion à lui; qu'il peut penser et parler par lui-même; nous serons toujours portés à suivre la direction qu'il nous indiquera; et dans le cas où nous croirions qu'il s'est trompé dans le choix de ses ministres, nous ne viendrions ni l'insulter en le lui disant brutalement, ni lui déclarer que nous romprons nos relations avec lui, tant qu'il conservera les serviteurs qui possèdent sa confiance; mais nous userions de nos droits constitutionnels, en refusant notre adhésion aux mesures que nous trouverions nuisibles.

CHAPITRE III.

Question constitutionnelle sur le ministère du 8 août.

Après avoir établi que le roi est un pouvoir dans notre Constitution, nous allons examiner les questions relatives à notre situation présente.

L'on peut réduire à une seule question tout ce qui s'est dit et fait en France depuis le 8 août dernier. Voici cette question : A qui appartient la direction du gouvernement? Est-ce au roi ou à la nation qu'il appartient de décider dans quelle opinion seront pris les hommes chargés de diriger les affaires de l'Etat?

En effet, qu'a-t-on opposé au ministère nommé le 8 août 1829? Dès le premier moment les journaux libéraux ont dit sur tous les tons possibles (excepté toutefois sur le ton poli) : « Ce minis« tère répugne à la nation; la nation le repousse. « Il a été pris dans une opinion opposée à celle « de la grande majorité de la nation. Une frac« tion (ou plutôt une faction) imperceptible peut« elle faire la loi à une grande nation? La France

« ne veut pas de ce ministère, et il lui suffirait
« de froncer le sourcil pour faire disparaître et le
« ministère et le débile parti qui l'a porté au
« pouvoir. Une nation de 32 millions d'hommes
« saura défendre ses libertés contre le ministère
« qui a juré sa ruine. Le ministère tombera sou-
« dain devant l'adresse, ou, au besoin, le refus du
« budget l'achèvera. » Et puis on en appelle tantôt *à l'attitude calme et dédaigneuse qui convient à un grand peuple,* tantôt *à l'énergie de
la nation.*

Ainsi, du 8 août jusqu'à la session, des mil-
liers de pages de journaux n'aboutissent qu'à ce
seul argument : Ce ministère ne convient pas à
la nation. Après l'ouverture des Chambres, même
argument. La Chambre déclare, dans son adresse,
que *le concours n'existe pas entre les vues du
gouvernement et les vœux du peuple.* Depuis
la prorogation, toute la polémique des journaux,
toute la substance des réponses aux sérénades et
des pièces d'éloquence des banquets, se borne encore à ce même argument : *La nation ne veut
pas des ministres ; le choix des électeurs le dé-
montrera.*

Il est heureux de pouvoir réduire une question
à des termes si simples ; la discussion en sera
plus facile ; et pour n'y rien mêler qui la com-

plique, nous admettrons pour un moment *que la nation est en grande majorité contraire à l'opinion où a été choisi le ministère, et qu'elle ne veut pas d'un tel ministère,* quoique nous regardions cette assertion comme fausse, ce que nous espérons démontrer dans le chapitre suivant.

La nation repousse ces ministres, parce que, d'après l'opinion à laquelle ils appartiennent, elle prévoit dans quel sens ils conduiraient les affaires, et parce que cette direction lui paraît fâcheuse, funeste, détestable. La solution de ce grand litige dépend donc de la solution de la première question posée : *La direction du gouvernement et des affaires appartient-elle au roi ou à la nation?*

Quelle volonté doit régler la direction des affaires? celle du souverain apparemment. La nation a ici une volonté sur cette direction; suivra-t-on cette volonté? Oui, si le peuple est le souverain. Alors la nation veut, donne ses ordres, et doit être obéie, puisqu'elle est souveraine, puisque telle est la règle des républiques fondées sur la maxime de la souveraineté du peuple. Dans une république, la nation (par elle-même, si l'État est petit; par ses délégués, s'il est grand) nomme ses ministres dans l'opinion

de la majorité, leur donne ses ordres, se fait présenter d'avance l'état de toutes les dépenses, depuis les plus fortes jusqu'aux plus petites; les
vote ou les supprime pour le traitement des plus
hauts emplois comme des plus menus; décide de
tous les actes, suivant qu'elle en admet ou non
la dépense; se fait rendre les comptes ensuite
dans le plus grand détail; contrôle tous les actes
du gouvernement; et suivant qu'elle est plus ou
moins contente du résultat de son examen, dé-
charge les ministres, ses agens, de leur responsabilité, ou les révoque, ou les accuse. A ce tableau
d'une république, nous sommes effrayés de la
ressemblance qu'il a avec le gouvernement tel
qu'il est organisé parmi nous : car il importe peu
que l'assemblée qui règne au nom de la nation,
fasse *directement* exécuter sa volonté par ses ministres, sans chef intermédiaire, ou *indirectement*
par des ministres qui auraient un chef nommé
président, ou archonte, ou consul, ou roi. Voilà
donc la question résolue dans le système de la
souveraineté du peuple et d'une république :
mais nos adversaires se placent avec nous dans
le système de la Charte.

Dans ce système, la nation n'a point directement d'avis à donner sur les affaires publiques;
mais elle nomme la Chambre des députés, et la

Chambre des députés a, par la Constitution, une
intervention dont nous déterminerons l'étendue.
Ainsi la nation, par la nomination des députés,
influe indirectement sur le choix de la direction
à suivre : mais la nation n'élit pas le roi ; la nation ne nomme pas les pairs ; elle n'a donc aucun
moyen d'influer sur la direction qu'il plaît à ces
deux pouvoirs de donner. Ainsi, dire : *la nation
veut, la nation ne veut pas, le pays adopte,
le pays repousse,* c'est seulement mettre dans
la balance le poids de l'un des trois pouvoirs.
Car il est évident que tout le pouvoir de la nation et du pays sur la direction des affaires, se
réduit constitutionnellement au pouvoir de la
Chambre des députés. Quelle est au juste l'étendue de ce troisième pouvoir?.

Il résulte de la Charte :

Que le roi possède l'initiative de la législation,
et tout le pouvoir exécutif ; que toute l'action du
gouvernement lui est donc réservée, et que le
pouvoir des deux Chambres n'est qu'un pouvoir
de contrôle et de résistance en cas d'abus. Dans
quelle proportion évaluer ces divers pouvoirs?
puisque le roi possède, seul, toutes les portions
du pouvoir exécutif, la conduite des affaires inté-
rieures et extérieures, et que, même dans la législation qu'il partage avec les Chambres, il a

encore, de plus qu'elles, le droit de leur donner le mouvement par son initiative, et le moyen de les ramener à son opinion par l'accroissement de l'une et la dissolution de l'autre; nous croyons que si, pour nous conformer à l'esprit du siècle, nous cherchons ici une solution arithmétique, et si nous ajoutons les attributions spéciales du roi à son tiers de la puissance législative, c'est peu que de porter à moitié l'influence de la couronne dans la direction de nos affaires, ce qui réduit à un quart l'influence de chacune des deux Chambres. Ainsi, lorsqu'il s'agit de déterminer dans quel sens doit être conduit le gouvernement, l'opinion du roi seul doit compter pour $\frac{1}{2}$ dans la balance, l'opinion des trois ou quatre cents personnes les plus considérables du royaume pour $\frac{1}{4}$, et l'opinion de tout le reste de la France, exprimée par les députés, pour $\frac{1}{4}$.

De peur qu'on ne s'étonne de cette énorme disproportion entre la valeur des suffrages et leur nombre, il est utile de prouver, en peu de mots, qu'elle est fondée sur des principes admis par la sagesse de toutes les nations et de tous les siècles.

C'est dans l'intérêt seul que, pour les hommes pris en masse, on peut chercher avec quelque certitude le mobile de leur conduite. Or, le roi est le seul, dans tout le royaume, qui ne puisse

jamais avoir un intérêt distinct de l'intérêt de
l'Etat, un intérêt particulier contraire à l'intérêt
général. La prospérité de l'Etat ne peut jamais
lui nuire ; la ruine de l'Etat ne peut jamais
lui être utile. De plus, le roi, dans ce poste si
élevé, est le mieux placé pour avoir des vues
d'ensemble, pour apercevoir et combiner les intérêts divers, souvent même opposés, de toutes
les classes, de tous les états. C'est donc avec raison
que la Charte a donné (1) au roi tant de prépon-
dérance dans nos affaires, et a placé son impar-
tiale opinion au-dessus de toutes les autres ; qu'elle
a donné au pouvoir royal la faculté d'exercer
une influence positive sur l'opinion des autres
pouvoirs, tandis qu'elle n'a donné à ceux-ci aucun moyen légal d'influence sur l'opinion du roi.

Après le roi, les plus intéressés à l'ordre et à
la stabilité du royaume, sont les hommes les plus

---

(1) En nous servant de ces expressions, nous ne prétendons pas
adopter l'opinion de ceux qui ne voient que dans la Charte la
source du pouvoir royal. Nous reconnaissons à la royauté, en
France, de plus antiques et de plus fortes racines, et nous croyons
que le roi a reçu de Dieu toute la puissance de ses prédécesseurs,
à l'exception de ce qu'il en a expressément concédé par la Charte.
Mais pour discuter, il faut se placer sur le même terrain que ses
adversaires, et partir de la même base ; et nous comptons prouver
que, même d'après leur système, le roi trouve dans la Charte tous
les droits et le pouvoir dont ils veulent le dépouiller.

considérables par leur naissance, leurs dignités et leur fortune. Placés au sommet de l'échelle, ils n'ont rien à envier aux autres, et n'auront point le désir de les renverser pour prendre leur place : c'est donc encore avec raison que la Charte a donné au petit nombre d'hommes qui compose la Chambre des pairs, un pouvoir égal à celui de tout le reste des Français qui exercent une influence dans les affaires par la Chambre des députés.

Quand on est bien, on veut tout conserver; quand on est au-dessus, on veut y rester : quand on est mal, quand on est au-dessous, on veut changer cette situation, et l'on n'aime ni la stabilité ni l'ordre qui la garantit. Aussi la Charte n'a-t-elle donné qu'à un petit nombre, comparé avec la totalité de la nation, le droit d'user *indirectement*, par l'élection des députés, de la part d'influence donnée à la seconde Chambre; aussi a-t-elle restreint à un beaucoup plus petit nombre la faculté d'user *directement* de cette part, en siégeant dans la Chambre, et ne l'a-t-elle donnée qu'à ceux qui, rapprochés par leur position des membres de la première Chambre, donnaient, sinon au même degré, du moins à un degré satisfaisant, des garanties d'ordre et de stabilité.

Telle est la sage combinaison de la Charte: Et qu'on ne s'étonne pas que loin de l'attaquer, comme on nous en accuse, nous la réclamions ; que nous nous cramponnions à elle comme à notre sauve - garde contre ces idées, démocratiques de 1789, contre ce dogme de la souveraineté du peuple qu'on voudrait encore prendre pour règle suprême dans nos affaires, en se servant du nom de la Charte. La Charte assurait notre repos par ces habiles dispositions, si une loi imprudente et évidemment opposée à son esprit n'avait pas contrarié ses intentions et vicié les élections.

La Charte a donc établi que le roi a la principale influence sur la direction des affaires, et une influence bien supérieure à celle d'aucune des deux Chambres ; que l'aristocratie peu nombreuse qui compose la Chambre des pairs, partage également avec la Chambre des députés, c'est-à-dire avec la nation, qui la nomme, l'autre portion d'influence sur la direction des affaires. L'on voit par-là combien est inconstitutionnelle cette proposition d'un journal (1) qui, comme tous ceux de sa couleur, en appelle si souvent à la Charte : *La souveraineté du roi, c'est de chercher ce qui est utile à son peuple, et de le*

---

(1) *Journal des Debats* du 17 avril 1830.

faire. Vrai, jusque là. *Il le cherche en consultant la nation; il le fait en se conformant au vœu public constaté.* Faux et inconstitutionnel. *Sans cela, le roi serait un roi absolu, et c'est ce qu'il n'a pas voulu être.* Le devoir du roi est de chercher ce qui est utile à son peuple. S'il décidait seul sur tous les points, il serait en effet un roi absolu. S'il n'avait qu'à se conformer *au vœu public constaté,* qu'à consulter la nation et à enregistrer sa volonté, nous serions en république, et régis d'après le principe de la souveraineté du peuple. Le système de la Charte n'est ni l'un ni l'autre de ces deux systèmes. On a dit, il y a long-temps, qu'il fallait faire tout pour le peuple, et rien par le peuple. Ainsi, pour faire le bonheur du peuple, le roi ne demandera pas à la nation quelle est la meilleure route à suivre ; c'est lui-même, avec une voie prépondérante, et aidé du concours des plus grands du royaume et de l'élite du reste de la nation, qui discernera et déterminera le mieux les moyens les plus efficaces et les plus sûrs pour arriver à ce but, le bonheur et la prospérité de la nation. L'expérience de tous les peuples a prouvé que l'on parviendrait bien mieux à ce but avec de tels guides, que si l'on allait confier la direction des affaires à l'opinion générale de

la masse de la nation, où se trouvent mêlés tous
les élémens de désordre et toute cette portion démocratique qui peut voir dans l'ordre et la stabilité la continuation d'une position dont l'infé-
riorité lui déplaît, et dans le changement et
dans les révolutions la chance de s'élever et d'at-
teindre les hautes positions qu'elle envie. Du
reste, nous ne sommes pas chargés de justifier la
Charte, mais la voilà telle qu'elle est; et nos adversaires, comme nous, ne veulent pas d'autre
règle.

Si donc il arrivait qu'un ministère fût formé
dans le sens d'une opinion qui serait celle du roi
et de la majorité de la Chambre des pairs, et qui
serait contraire à l'opinion de la majorité de la
nation, un ministère pris dans cette ligne serait
une nécessité d'après la Charte, puisque les trois
quarts des moyens d'influence sur la conduite
des affaires devraient l'emporter sur l'autre quart,
la minorité devant céder à la majorité, quand les
pouvoirs sont divisés entre eux.

Or, dans quelle opinion a été pris le ministère
du 8 août? dans l'opinion de la droite, mélangée
de quelques membres du centre droit. Que l'o-
pinion personnelle du roi se porte vers la droite,
cela n'a jamais été douteux, et le choix du ministère du 8 août en eût été une nouvelle preuve.

Les cinq sixièmes de la Chambre des pairs appartiennent soit à la droite, soit au centre droit;
les deux nuances de gauche comptent à peine
un sixième des membres de cette Chambre, et
il est surprenant que ce sixième s'y trouve. C'est
un véritable contresens que des pairs partisans
et soutiens des idées démocratiques, c'est-à-dire
prêts à attaquer le principe aristocratique par lequel ils existent, prêts au suicide. Un ministère
choisi dans les deux nuances de la droite est donc
conforme à l'opinion du roi et de la Chambre
des pairs; il n'en peut donc exister d'autre. Nous
ne parlons ici que de la ligne d'opinion dans laquelle ont été pris les ministres; nous ne nous
occupons jamais des hommes; nous n'examinons
point si les ministres sont précisément ceux que
nous aurions choisis : en tout cas, il est plus
simple que le roi suive son goût que le nôtre. Il
suffit que l'opinion à laquelle appartient le ministère a pour elle la majorité des pouvoirs.

Il est nécessaire de remarquer à cette occasion
la mauvaise foi des journaux libéraux, et leur
manière habituelle de dénaturer toutes les questions, de supposer ce qui n'a été dit par personne,
pour en faire à tout propos le texte de leurs dé-
clamations. Ainsi de cette assertion, assurément
la plus simple du monde, que trois pouvoirs ayant

le droit d'indiquer la direction , lorsque deux se
trouvent d'accord, le troisième doit se conformer
à leur opinion et y sacrifier la sienne , ils ont fait
un système de destruction de la Charte. Rien
sans doute de plus évident, surtout quand rien
ne peut se faire sans le concours de ces trois pouvoirs ; car s'ils s'entêtaient chacun dans leur opinion, tout resterait immobile : et s'il faut absolument qu'on cède d'un côté ou de l'autre , il est
plus naturel qu'un seul cède à deux, que si deux
cédaient à un seul. Eh bien ! ces notions du sens
le plus commun, savez-vous ce qu'en ont fait les
journaux libéraux ? un crime abominable de lèse-
Charte et de lèse-nation. Voici comment ils s'y
sont pris. Ils ont prétendu qu'en fondant des argumens sur le principe de la majorité entre les
trois pouvoirs, on voulait établir le système que
quand deux pouvoirs étaient d'accord, ils pouvaient se passer du troisième, l'annuler, le renverser, le supprimer ; et qu'en ce moment, sous
le prétexte que le Roi et la Chambre des pairs
étaient d'accord sur le système à suivre, on comp-
tait se passer de la Chambre des députés, gouverner sans elle et la supprimer, c'est-à-dire renverser la Charte. C'est comme si dans le jury
anglais, où il faut l'unanimité dans une opinion ,
huit jurés se trouvant contre quatre, et disant à

ceux-ci qu'ils doivent sacrifier l'opinion du tiers
à celle des deux tiers, l'on prétendait aussitôt
que les huit jurés veulent se passer des quatre
autres, les supprimer, et ne plus juger qu'à huit
jurés, en renversant la constitution du jury.

Que de si absurdes conclusions aient été ad-
mises par les journaux qui ne font jamais un seul
article contre les opinions royalistes sans le fonder sur une calomnie, il faudrait n'en avoir jamais
lu pour s'en étonner : mais qu'un homme revêtu
d'un double caractère, aussi bon orateur politique à la Cour royale que bon avocat à la tribune des députés, ait adopté ces conclusions et
se les soit rendues propres, nous avouons que
nous ne nous y serions pas attendus. Nous avons
cependant, comme tout le monde, entendu M. Dupin parler de la volonté de gouverner avec la
Chambre des pairs en se passant de la Chambre
des députés, ou avec la Chambre des députés
sans les pairs, et, dans un mouvement oratoire,
s'effrayer de la troisième combinaison, devant
laquelle il s'arrêtait, n'osant même pas l'aborder.
Eh bien! cette troisième combinaison, qui a
épouvanté et fait reculer M. Dupin, est peut-
être la seule qui se soit effectivement réalisée
jusqu'ici; non pas, il est vrai, dans le sens de
l'interprétation mensongère qu'on a faite de la

doctrine sur la majorité entre les pouvoirs, comme s'il s'agissait de faire disparaître de ce monde la minorité pour faire plus de place à la·majorité, mais dans le sens véritable que l'un des trois pouvoirs doit sacrifier sa propre opinion à l'accord des deux autres. Tout jeunes que nous sommes dans le gouvernement représentatif, nous avons vu plus d'une fois le roi faire ce sacrifice de son opinion personnelle. Il faudrait bien que la Chambre des députés en fît autant, dans le cas où son opinion se trouverait en opposition déclarée avec celle du roi et de la Chambre des pairs.

L'on aurait donc le droit, si, conformément à la méthode actuelle de nos théoristes politiques, l'on voulait pousser jusqu'au bout les conséquences rigoureuses du gouvernement établi par la Charte, l'on aurait le droit incontestable de déclarer que, lors même qu'il y aurait en France pour un système trente-deux millions d'habitans, et pour le système contraire cinq cents personnes seulement; si ces cinq cents personnes comprenaient le roi et les membres de la Chambre des pairs, c'est le dernier système que, constitutionnellement, le gouvernement devrait suivre, puisque ce serait l'avis de deux des trois pouvoirs contre un seul.

Mais quelque inattaquable que soit cette conclusion en théorie et en raisonnement, nous ne
serions pas assez doctrinaires pour l'appliquer
dans toute sa rigueur, si les faits étaient tels que
nous les avons supposés; mais nous croyons, au
contraire, que les trois pouvoirs, tels que la Charte
a voulu les établir, sont d'accord, et que la division actuelle n'est occasionnée que par une loi
contraire à la Charte, qui a constitué le troisième pouvoir autrement qu'elle ne l'avait fait.
C'est ce que nous allons examiner dans les deux
chapitres suivans.

CHAPITRE IV.

Quelle est l'opinion de la France?

Quelle est l'opinion de la majorité de la
nation? Est-elle libérale ou, royaliste? à gauche ou à droite? démocratique ou bien monarchique et aristocratique? Les libéraux croient
trancher cette question en répétant sans cesse :
*Nous sommes la nation, nous avons la na-
tion derrière nous pour nous soutenir, nous
sommes avec la nation.* C'est une tactique commode et bien connue que d'affirmer comme un
fait incontestable ce qui est en question. Les
royalistes disent aussi : « Nous parlons au nom
de la nation; » et s'ils le répètent moins souvent, ce n'est pas qu'il soit fort difficile d'affirmer sans prouver, et que ces mots, *la nation est
pour nous,* soient pour eux plus difficiles à prononcer ou à écrire; mais c'est parce que ce serait
réduire une grave discussion à ces disputes pué-
riles et imbécilles des enfans, qui s'obstinent

des heures entières à qui répétera le dernier le même mot : au lieu d'affirmer, prouvons.

Il y a deux manières de calculer l'opinion d'une nation, celle des insensés et celle des sages; l'une de compter les masses et de faire le dénombrement individuel des voix, l'autre de n'admettre en compte que l'opinion de l'élite de la nation et de négliger le reste. Nous imaginons bien que c'est d'après le système des sages que les journaux libéraux établissent le calcul de la majorité qu'ils proclament en faveur de leur opinion; mais, à tout hasard, nous allons discuter la question suivant les deux systèmes. S'il s'agit de l'opinion des masses et des populations, comment les libéraux établiraient-ils leur majorité? Le compte assurément est difficile à faire. Aux dernières époques où les masses ont pu faire pressentir leur opinion, on a remarqué que si les populations de l'Est et du centre ont paru favorables au drapeau à l'ombre duquel ont grandi presque tous les favoris de l'opinion libérale, les populations du Nord, de l'Ouest et du Midi ont vivement prouvé leur attachement à ce noble et pur étendard de nos rois et de nos ancêtres, que n'ont point quitté les hommes de l'opinion contraire, depuis le jour où il leur a été rendu. A l'époque où, entre le licenciement

d'une armée égarée et une nouvelle formation il
ne restait à l'autorité aucune force pour maintenir l'ordre, l'on sait combien, dans plusieurs
provinces, il fallut d'efforts (qui malheureusement ne réussirent pas toujours) pour s'opposer
aux fureurs d'une populace sans frein, contre les
partisans connus de l'opinion libérale. Il résulte
de cette comparaison entre la tendance des opinions populaires dans les provinces du Nord,
de l'Ouest et du Midi, opposée à celle des provinces de l'Est et du centre, qu'il est difficile de
reconnaître une majorité certaine, et qu'elle appartiendrait plutôt à l'opinion royaliste, si l'on
s'arrêtait à l'absurde système de compter l'opinion des masses. Mais, disent les libéraux, nous
repoussons comme vous cette supputation impossible à faire de l'opinion de tous les individus
d'une nation. « Nous prenons des bases fixes
« posées par la Charte, et des calculs certains;
« nous regardons l'opinion de l'élite de la na-
« tion comme celle qui doit représenter et qui
« dirige en effet l'opinion de la nation, et nous
« bornerons nos calculs aux quatre-vingt mille
« électeurs établis par la Charte. Or, comme les
« élections prouvent toujours qu'une grande ma-
« jorité parmi ces quatre-vingt mille électeurs
« appartient à l'opinion libérale, il en résulte

« que nous avons raison de dire que notre opi-
« nion est l'opinion de la nation. »

Nous contestons d'abord que vous ayez *toujours* la majorité dans les élections, même en ne considérant que les petits colléges. En 1824, avec les mêmes colléges et les listes étant faites de la même manière qu'en 1827, nous avons eu une grande majorité; vous l'avez obtenue moins forte en 1827. Vous voyez que quand nous n'aurions pas d'autres élémens à faire entrer dans nos calculs, l'opinion de la nation n'est pas si clairement en votre faveur. Vous l'avez eue en 1827, nous l'avons eue en 1824 : nous ne savons qui l'aura aujourd'hui. Remarquons, en passant, quelle a été la sagesse de la Charte de ne pas livrer entièrement la direction de nos destinées à ce vœu mobile de la nation, et de contenir le pouvoir-girouette, produit nécessaire de cette mobilité, par le concours obligé des pouvoirs plus constans du roi et de la Chambre des pairs.

Nous consentons toutefois à oublier le passé, à vous accorder une grande majorité dans les petits colléges; mais vous nous accorderez aussi (ce qui est incontestable) que nous avons la majorité dans les grands colléges.

De ces deux majorités opposées, doit-on conclure que vous avez pour vous la majorité de la

France? Pourquoi ces quatre-vingt mille électeurs, portion si faible d'une grande nation, vous
paraissent-ils exprimer l'opinion de la nation en-
tière? Parce que, lorsqu'on parle de l'opinion
d'une nation, surtout sous le rapport du manie-
ment des affaires publiques, l'on ne parle et l'on
ne doit parler que de l'opinion de l'élite de cette
nation; parce que ces quatre-vingt mille personnes comprenant les hommes les plus importans
comme propriétaires, commerçans, industriels,
ce sont eux qui ont le plus grand intérêt à bien
voir et à suivre la direction la plus favorable à
la prospérité du pays; parce que l'opinion de
ceux que la Charte a seuls investis de tous les
droits politiques de la nation, doit nécessairement,
d'après la Charte, être considérée comme la véritable, comme la seule opinion de la nation.

Voilà les vrais principes; nous les admettons
entièrement tels que vous les présentez; nous les
admettons avec toutes leurs conséquences; mais
si vous regardez l'opinion des quatre-vingt mille
électeurs comme représentant l'opinion de trente-
deux millions de Français, et si vous avez raison de penser ainsi, n'aurez-vous pas les mêmes
raisons pour apprécier l'opinion des quatre-vingt
mille par celle des vingt mille formant le premier quart des électeurs, le quart le plus im-

posé ? Ne sera-t-il pas aussi vrai de dire que l'on doit juger de l'opinion des électeurs par l'opinion de *l'élite d'entre eux ?* que les vingt mille électeurs des grands colléges comprennent *les hommes les plus importans du corps électoral comme propriétaires, commerçans, industriels ?* que ce sont eux qui *doivent être chargés de la conduite des affaires, comme les plus intéressés à bien voir, comme ayant le plus fort enjeu dans la société ?* que *l'esprit et le texte de notre loi fondamentale nous le prescrivent,* puisque ces vingt mille électeurs, qui comprennent tous les éligibles à peu près, *sont seuls investis de l'exercice réel des droits politiques de la nation,* comme pouvant seuls participer directement à la législation en siégeant dans la Chambre des députés, et que par conséquent *leur opinion sur les affaires publiques et sur la manière de les conduire, doit nécessairement, d'après la Charte, être considérée comme la véritable, comme la seule opinion* du corps électoral, et conséquemment de la nation.

La parité nous paraît incontestable; si de l'opinion de l'élite de la nation on conclut nécessairement l'opinion de la nation, l'on doit également de l'opinion de l'élite des électeurs conclure

nécessairement l'opinion de la masse des électeurs. Ce dilemme nous paraît sans réplique : ou
l'opinion doit se connaître non pas seulement
par celle de l'élite, mais par celle de la totalité ;
et alors de quel droit prétendez-vous que votre
opinion est celle de la nation ? quelle preuve en
donnez-vous ? ce n'est donc qu'une assertion oi-
seuse suffisamment réfutée par l'assertion contraire de notre part ; ou bien l'on doit peser les
voix au lieu de les compter, et regarder l'élite
comme le guide et l'organe naturel de la masse ;
et alors l'opinion des électeurs doit être jugée
d'après celle des grands.colléges ; et certes, si le
premier quatre centième de la nation a le droit
de faire passer son opinion pour l'opinion de la
nation, à bien plus forte raison le premier quart
des électeurs a-t-il le droit de faire passer son
opinion pour celle du corps électoral. Il faut
moins d'efforts pour substituer un quart au tout
que pour lui substituer un quatre centième, et
pour juger des quatre-vingt mille par les vingt
mille premiers que pour juger des trente-deux
millions par les quatre-vingt mille premiers. Si
une opinion peut, au nom de la nation, indiquer
au roi un vœu sur la direction des affaires et le
choix de ses ministres, c'est certainement plutôt
l'opinion des éligibles que celle des électeurs

pris en masse ; car les éligibles seuls auront une voix à donner sur les propositions du roi, et concourront directement au gouvernement de l'Etat.

L'on a quelquefois cherché une preuve de l'opinion nationale comme favorable aux libéraux, dans le nombre des abonnés des journaux. Cette discussion rentrerait dans celle qui précède. Si les journaux libéraux ont cinquante mille abonnés, presque tous pris parmi les soixante mille électeurs des petits colléges, et que les journaux royalistes n'aient que vingt mille abonnés appartenant presque tous aux vingt mille électeurs ou éligibles qui ont le droit exclusif de siéger dans les grands colléges et dans la Chambre, il est évident que les raisonnemens qui précèdent sont également applicables ici, et que le gouvernement doit se rapprocher de l'opinion des journaux royalistes ; car, dans leurs abonnés seuls, se trouvent ceux à qui la Charte a voulu donner une influence *directe* sur nos affaires.

~~~~~~

CHAPITRE V.

 De la dernière Chambre, et de la nécessité de changer
la loi d'élection.

Nous croyons avoir démontré successivement
que l'on doit compter l'opinion du roi, et que la
Charte lui assure la plus grande part dans le
choix de la direction à suivre; que ce qu'on
nomme l'opinion de la nation ne doit influer
sur le gouvernement que dans les limites de la
part très-circonscrite donnée à la Chambre des
députés, et que par conséquent, quand il serait
vrai que cette opinion fût opposée à celle du roi
et de la Chambre des pairs, elle ne devrait pas
prévaloir; mais que telle n'est pas la situation, et
qu'au contraire l'opinion de la nation devant
être, suivant la Charte et le bon sens, appréciée
d'après celle de la grande majorité des éligibles,
seuls aptes à former le troisième pouvoir, et cette
majorité appartenant aussi aux opinions de la
droite, il s'ensuit que les trois pouvoirs constitués s'accordent complètement, sinon en faveur

de tels ou tels hommes, du moins pour le système monarchique et aristocratique, et contre le
système démocratique des deux nuances de gauche, contre l'opinion libérale enfin. Il nous fallait donc un ministère qui s'appuyât sur les opinions de la droite, une Chambre qui fût l'expression
de la véritable opinion nationale; et les changemens qui ont été faits dans ce sens ne sont donc
pas en effet sans cause, quoi qu'on en ait dit.

Il était impossible que le gouvernement pût
marcher avec la dernière Chambre : 1° parce que,
dès son début et jusqu'à son dernier moment,
elle s'est déclarée en guerre avec les sentimens
du roi; 2° parce qu'elle ne pouvait présenter de
majorité pour aucun ministère, quel qu'il fût.

Il ne sera pas difficile de prouver d'abord que
cette Chambre était devenue incompatible avec
le pouvoir royal. Depuis le premier moment où
elle s'est assemblée, elle avait toujours été livrée
à l'esprit de faction, et n'a eu pour guide, durant sa courte existence, que les haines et l'ambition de quelques meneurs. Rude et grossière
envers le roi dans sa première adresse, séditieuse
et inconstitutionnelle dans la dernière, elle s'est
laissée entraîner à des actes qui l'ont exposée à
la juste indignation des gens de bien. Ces expressions sont fortes, et nous voudrions pouvoir

caractériser en termes plus doux les faits auxquels elles s'appliquent; mais il ne nous semble pas moins dangereux de flatter les assemblées ou les peuples que les rois. La vérité est utile pour tous; et toutes les fois qu'elle réclamera une expression forte, nous ne nous la refuserons pas. Cette Chambre d'ailleurs pourrait, moins que toute autre, prétendre à des égards complaisans qu'elle a refusés à celle qui l'avait précédée; et nous, qui avons eu l'honneur de faire partie de la première Chambre septennale, nous sommes autorisés à rendre à la seconde, non pas injures pour injures, mais de dures vérités pour des injures et des calomnies.

Nous ne ferons pas un reproche à cette Chambre des lois qu'elle a votées, des lois ou ordonnances qu'elle a provoquées, ou qu'elle a vainement tenté d'imposer au gouvernement. Quelque dangereuses qu'elles nous semblent pour la plupart, la Chambre a pu les croire utiles : nous respectons les convictions, et nous aimons toujours à les supposer.

Nous ne lui reprocherons pas non plus la violation de la Charte, et l'usurpation de la prérogative royale, consommée dans le vote détaillé du budget. Quand le pouvoir législatif ne peut, même dans une république, s'immiscer dans le commandement de l'armée, rien assurément de plus inconstitutionnel, et, il faut bien le dire, de plus ridicule, que de voir une Chambre, devenue tout à coup général consommé, décider par assis et lever s'il y aura des camps de manœuvre, dicter au roi et aux généraux quel est le meilleur moyen d'exercer les troupes; en sorte que s'il a été permis à M. le Dauphin d'instruire l'armée dans des camps, c'est grâce à trois ou quatre avocats qui, toutes réflexions faites, résumant leur consultation en faveur des camps de manœuvre, ont porté la majorité du côté qui daignait les autoriser. Quoi de plus inconstitutionnel que de voir une Chambre des députés supprimer, non point tous les aumôniers de l'armée; non pas même les aumôniers de la gendarmerie, mais l'aumônier de la gendarmerie d'élite, pour mieux montrer sans doute à quel point toute l'administration doit lui être soumise, et jusqu'à quels détails s'étend cette puissance, qui sait avec la même facilité s'élever jusqu'aux ministres et descendre aux moindres fonctionnaires. Mais, nous l'avons dit, nous ne ferons pas un reproche à la dernière Chambre de cette usurpation du pouvoir royal au moyen des spécialités du budget : elle n'a fait que suivre, en l'exagérant, le mode de discussion établi par les

Chambres précédentes; elle a élargi la voie dangereuse et inconstitutionnelle où l'on était entré; mais elle ne l'a pas ouverte.

Nous ne lui ferons pas encore un reproche ni de l'abus des pétitions et des scandales qu'elles provoquaient, ni des étranges et pernicieuses doctrines émises par plusieurs membres : il est juste de ne reprocher à une Chambre que ce qui a eu l'assentiment de la majorité. Elle ne peut pas répondre des opinions de tous ses membres.

Venons-en aux reproches qu'a réellement mérités cette Chambre.

Son premier tort est l'adresse, où elle a qualifié de *déplorable* le système que le gouvernement suivait depuis six ans et plus. Il y a là insulte manifeste pour le roi. Il ne s'agit pas du roi, dit-on, mais de ses ministres. Excuse de mauvaise foi; un roi peut être complètement étranger à tel ou tel acte que ses ministres auront fait à son insu ou en abusant de sa confiance; mais à un système suivi avec persévérance pendant six ans, cela est impossible. C'est se mentir à soi-même que de se persuader que le roi n'approuvait pas un système qu'il a maintenu de tout son pouvoir, soit en prenant pour ministres, à son avènement, les auteurs de ce système, soit en leur continuant si long-temps sa confiance. Il n'était douteux par aucun de ceux qui accusaient ce système comme déplorable, que ce ne fût un reproche amer pour le roi, soit qu'il l'eût dirigé lui-même, soit qu'il l'eût si long-temps approuvé et maintenu sans en apprécier les effets désastreux. Nous ne prétendons pas que le roi soit infaillible; nous connaissons les droits que donne notre Constitution : ainsi, les députés avaient le droit, à la tribune, de qualifier de déplorable le système du gouvernement, sans s'inquiéter si c'était attaquer indirectement l'erreur si prolongée du roi : mais il était grossier et brutal de venir chez lui le lui dire en face avec tant de solennité, de lui déclarer si durement à lui-même, qu'il s'était toujours trompé et avait été dupe si long-temps : un particulier ne le souffrirait pas. Et notez qu'ils savaient très-bien, dans le fond de leur cœur, que le roi ne reconnaissait pas qu'il se fût trompé dans un système qui avait conduit extérieurement et intérieurement la France à un si haut degré de prospérité. Ce système, auquel le roi n'avait renoncé qu'à regret et par le sacrifice de sa propre opinion au désir de l'union avec la Chambre, c'était une insulte de l'injurier en sa présence, c'était un abus peu généreux de la victoire.

La dernière adresse de cette Chambre était

encore pire que la première. A l'audace inso-
lente, elle joignait l'inconstitutionnalité. Venir
déclarer au roi qu'elle ne pouvait concourir avec
son gouvernement, avec ce ministère qu'il avait
le droit de choisir et qu'il avait nommé par un
acte spontané de sa volonté, c'était un envahissement sur les droits du trône et une violation
de la Constitution, qui ne donne aux Chambres
aucun droit sur le ministère, que dans le cas
d'actes illégaux, sur lesquels elles peuvent fonder
une accusation.

Mais le plus grave reproche qu'ait mérité la
dernière Chambre, c'est sa conduite dans l'accusation portée contre le ministère de 1827. Rap-
pelons les faits.

Une accusation de trahison fut portée devant
la Chambre contre les sept ministres composant
le ministère qui venait d'être remplacé. Les amis
de ces ministres concoururent avec les accusateurs pour faire prendre cette proposition en
considération. Ils voulaient que les ministres,
puisqu'ils étaient accusés en face de la France,
fussent, aussi publiquement, lavés de l'accusation
ou punis du crime. Les inculpés réclamaient eux-
mêmes une discussion publique, suivie d'une décision positive. L'accusation fut renvoyée à une
commission qui fit son rapport. Les amis des ac-

cusés réclamèrent la discussion du rapport, afin que tout fût éclairci. La même majorité qui poursuivait les ministres, se leva pour renvoyer la discussion après le budget, c'est-à-dire à une époque où la Chambre ne serait plus assemblée, où l'accusation ne pourrait plus être ni discutée ni jugée. Y eut-il jamais un déni de justice plus honteux et plus criant !

S'il était rapporté dans l'histoire que Séjan dit un jour à Tibère : « Voilà des hommes que je hais et que vous haïssez comme moi ; je vais porter contre eux une accusation de haute trahison. Mais nous manquons de charges qui puissent les faire condamner ; si le jugement est prononcé, ils seront renvoyés comme innocens. Il faut empêcher qu'ils ne soient jugés ; il faut s'arranger pour que l'accusation pèse toujours sur leur tête sans qu'il soit jamais prononcé sur cette accusation ; il faut en laisser désormais la flétrissure imprimée sur leur front, sans qu'ils aient aucun moyen de la faire effacer. » Si Tibère avait adopté et mis à exécution ce plan de son digne favori, de quelles expressions l'éloquence de Tacite n'aurait-elle pas foudroyé une si odieuse tactique ! ou peut-être eût-il pensé que le récit simple et nu de cette infernale combinaison suffirait, sans aucune ré-

flexion, pour faire éclater l'indignation de la
postérité.

Eh bien! il s'est trouvé dans cette Chambre
un Séjan pour tramer un pareil plan; il s'est
trouvé une majorité pour donner aussi son adhésion et en assurer l'exécution ! Combien
d'hommes dans cette majorité qui eussent re-
poussé avec mépris cette machination, si elle
leur avait été présentée sous son vrai jour!
Grande leçon pour les plus honnêtes gens ,
quand, aveuglés par des passions, ils consentent
à prendre pour guides des brouillons ambitieux,
à qui tous les moyens sont bons.

Le but n'a pas été atteint, et il n'y a eu de
flétris que les inventeurs de ce complot. Pour
produire quelqu'impression, il fallait du moins
que les accusateurs fissent semblant de croire
eux-mêmes à leur accusation, et parussent en
faire une affaire sérieuse. Une seule réflexion
prouvera incontestablement qu'elle n'était qu'un
jeu, une niche, une espiéglerie; car il faut bien
proportionner la gravité des mots à la gravité de
la chose. Parmi les sept ministres accusés était
le gouverneur de Mgr le duc de Bordeaux; et
personne dans le royaume ne s'étonna de voir
cet enfant précieux, l'espoir de la France, laissé
entre les mains d'un homme accusé de haute

trahison! Pas une voix, ni dans la Chambre ni
dans leurs implacables journaux, ne s'éleva
pour qu'un dépôt d'une si haute importance fût
retiré à un homme criminellement accusé; pour
que le digne gouverneur, tant qu'il serait sous le
poids d'une accusation capitale, cessât de diriger
la personne et les principes du noble enfant. Ah!
sans doute c'eût été le premier soin des accusateurs, c'eût été le cri général de toute la France,
si, pour eux comme pour le public, il y avait
eu en effet quelque sérieux dans l'accusation;
tant il est vrai que ce procès criminel n'avait
rien de réel, même aux yeux de ceux qui l'in-
tentaient; que cette terrible accusation, comme
l'insertion du mot *déplorable* dans l'adresse, ne
s'appuyaient sur aucun fondement réel, et n'é-
taient qu'une précaution pour l'avenir, précaution haineuse, dans le genre de ces coups de
poignard qu'on redouble sur un ennemi à terre,
pour s'assurer qu'il est bien tué et qu'il ne se
relevera plus; tant il est vrai, enfin, que la majorité de la Chambre n'a jamais cru à cette accusation, et ne s'en est servi que comme d'un
jouet frivole et cruel, sans songer combien il
était imprudent à des amis du gouvernement représentatif d'en émousser, par de tels jeux, le
plus terrible instrument, et de déjouer pour long-

temps, par cette parodie, le grand drame de l'accusation des ministres.

Passons au second motif, qui nécessitait la dissolution, l'impossibilité d'avoir dans cette Chambre la majorité pour aucun ministère.

Pour s'en convaincre, il suffit de classer approximativement la force des partis qui s'y combattaient.

Les quatre principales divisions, la droite, la gauche et les deux centres, pouvaient, sans qu'on s'écartât beaucoup de la vérité, être portées à environ cent membres chacune. Avec les trente membres formant la réunion qui avait pour titre (nous ne disons pas pour chef) M. Agier, l'on a assez exactement la statistique politique de la dernière Chambre des députés.

Mais outre ces cinq divisions, il y avait dans chaque division des subdivisions d'opinion; et en outre encore, il y avait, indépendamment des nuances d'opinions, les subdivisions de plusieurs groupes reconnaissant divers chefs de file, et attachés à différens hommes, quoique dans la même opinion. L'on citerait peut être dix présidens de conseil différens, portés chacun par un petit parti. Nous ne croyons pas qu'on eût pu trouver dans la Chambre des députés cent cinquante personnes bien agglomérées, attachées à la fois à la même nuance d'opinion et à la même personne.

Il nous paraît donc évident que, quelque combinaison que l'on eût essayée dans la dernière Chambre, l'on n'y pouvait trouver, pour aucun ministre, une majorité possible. Sur dix ou douze groupes qui y étaient formés, l'on n'en pouvait contenter un, ou même deux ou trois, sans mécontenter tous les autres.

La dissolution fera-t-elle disparaître ce mal, et nous conduira-t-elle à un résultat plus avantageux ? Si les élections donnent une majorité, ne sera-t-elle pas nécessairement très-faible d'un côté ou de l'autre, et aura-t-on plus de facilité pour gouverner ? Cette majorité ne sera-t-elle pas libérale ? et alors le peu d'accord ou plutôt l'opposition complète entre cette majorité et celle de la Chambre des pairs, ne nous jettera-t-elle pas dans de plus graves difficultés ? Pour reconnaître toute l'étendue du mal, il faut en examiner la source.

Le mal tient à la constitution même des deux Chambres, qui rend l'harmonie impossible entre elles : il ne provient donc pas seulement des circonstances momentanées et des passions du jour ; il est produit par des causes constantes, auxquelles il faut absolument trouver un remède. Une Chambre des pairs est toujours amie des

principes aristocratiques, et dans son propre intérêt et dans l'intérêt du trône, avec qui elle
doit faire cause commune, parce qu'il ne peut
s'appuyer solidement que sur l'aristocratie. Que
doit être aujourd'hui en France la Chambre des
députés? l'amie des idées démocratiques, puisque
les trois cinquièmes sont nommés par la démocratie, qui domine dans les petits colléges. La
majorité doit donc en être démocratique, comme
les électeurs dont elle émane. Voilà les deux
Chambres constituées en opposition perpétuelle;
voilà la discorde organisée pour toujours. S'il en
était de même en Angleterre, ce gouvernement
n'aurait pas pu y subsister si long-temps; mais il
en est tout autrement; et ce n'est que par une
confusion de mots, que des théoristes ont établi
ces systèmes inapplicables d'un gouvernement
qui de trois élémens contraires ferait résulter
l'harmonie, et les ferait concourir au même but.

Ce gouvernement ne pouvant marcher que
par le moyen d'une seule volonté composée des
trois volontés concertées du roi, des grands et du
peuple, il est impossible que les pouvoirs or-
ganes de ces volontés se composent de personnes
qui soient, par leur position même, dans des
vues et des intérêts opposés.

Il est bon qu'il y ait plusieurs pouvoirs qui,

différemment placés, voient les objets sous des
points de vue divers; mais non pas des pouvoirs
opposés qui aient des intérêts contraires, et qui
tendent à un but contraire. La première condition de tout gouvernement stable, c'est que ceux
qui sont chargés de le conduire soient tous intéressés à la conservation des institutions du pays.
Cet intérêt de conservation est évident pour les
élémens monarchique et aristocratique : ceux
qui sont placés dans la meilleure situation désirent la conserver. Il n'en est pas de même pour
l'élément démocratique. Quand on est dans la
situation inférieure, l'on craint beaucoup moins
un changement qui pourrait vous faire monter
plus haut, et l'on tient peu à conserver. Ainsi,
opposer sans cesse à un principe conservateur
un principe destructeur, c'est constituer la discorde, l'anarchie, et l'instabilité, qui en est la suite.

« Vous voudriez donc, dira-t-on, exclure entièrement la démocratie de toute participation
au gouvernement? » Il faut s'entendre sur ce mot
démocratie. Chez les peuples de l'antiquité, les
écrivains, les orateurs politiques et les législa-
teurs ont souvent traité de la démocratie, et de
la part de pouvoir auquel elle doit prétendre
dans un Etat bien organisé : chacun d'eux, suivant sa manière de voir, a fait plus ou moins

grande la part de la démocratie dans le gouvernement ; mais tous se sont accordés pour condamner la démagogie comme ce qu'il y avait de
plus funeste et de plus dangereux pour une nation. Or, qu'est - ce que c'est que la démagogie ?
c'est le gouvernement où une grande partie du
pouvoir est placée entre les mains de la dernière
classe. Mais ce que n'ont pas assez remarqué les
modernes, lorsqu'ils ont suivi dans leurs écrits
politiques ces divisions des anciens, c'est que
cette dernière classe des anciens, à laquelle il
était si funeste de donner le pouvoir, était à peu
près la classe moyenne de nos jours, attendu
que les occupations qui chez nous placent un
homme dans la dernière classe, étaient alors le
lot des esclaves. Donnons donc à ce mot *démocratie* son véritable sens, tel qu'il l'avait chez les anciens, tel qu'il l'a en Angleterre.

Les pouvoirs du roi, de la noblesse et du peuple sont désignés par la monarchie, l'aristocratie, la démocratie. En parlant de la noblesse
comme pouvoir, il n'est évidemment question de
cette noblesse que quand elle est constituée en
corps politique, ou, si la Constitution n'admet
pas un tel corps, que de la portion de la noblesse
appelée par sa naissance à exercer des droits politiques. Le peuple comprend tout ce qui reste

de la nation après le roi ét la noblesse politique. Le pouvoir du peuple ou la démocratie comprend donc, en France comme en Angleterre, la portion de pouvoir donnée à la nation, moins le roi et les pairs. Cette portion de pouvoir est exercée par des députés. Les députés élus pour exercer les droits du peuple, doivent être naturellement l'élite de ce peuple. C'est ainsi que dans le temps où, la noblesse ayant des droits politiques à part, le tiers-état représentait seul le peuple, c'étaient ses magistrats, ses plus recommandables citoyens, les notables enfin, qui, soit dans les états-généraux, soit dans les pays d'état, étaient chargés de consentir les subsides au nom du peuple. C'est ainsi que dans les pays où il existe une pairie, les nobles qui ne sont pas pairs, faisant partie du peuple, et sans doute de l'élite du peuple, doivent entrer pour beaucoup dans la composition de la Chambre populaire. Aussi, en Angleterre, les parens des lords, les chevaliers, les baronnets et les plus riches, les plus considérables de la bourgeoisie composent les neuf dixièmes de la Chambre des communes. L'on voit que la part du pouvoir donnée à la démocratie y est réellement exercée par les premiers du peuple, c'est-à-dire, en réalité, par une seconde aristocratie, en dehors de celle qui est constituée en pairie.

Tel est le résultat nécessaire du système d'élection dans ce pays. Plus de la moitié des choix
dépend de l'influence de la couronne ou des pairs;
d'autres dépendent des universités, des magistrats
des villes. Les députés des comtés sont, en général, pris dans la noblesse, et ont le titre de
knights (chevaliers); enfin, les élections qui sont
livrées aux hasards d'un grand nombre de suffrages populaires, offrent encore des garanties de
fortune, puisqu'il faut être fort riche pour en
supporter les frais. C'est à ce système d'élection
que l'Angleterre doit la stabilité de sa Constitution et sa prospérité. La portion du pouvoir donnée au peuple doit donc être exercée par les premiers du peuple, et les droits du peuple être dé-
fendus par l'élite du peuple; et c'est à cette seule
condition que ce genre de gouvernement peut
subsister en France comme en Angleterre, parce
qu'au lieu d'une aristocratie et d'une démocratie
toujours en guerre, les pouvoirs dont le concours
est nécessaire offriraient dans une aristocratie
constituée, mise en présence d'une seconde aristocratie tirée des rangs du peuple, la conformité
des intérêts et la diversité des vues prises sous
des aspects différens, c'est-à-dire tout ce qu'il faut
pour garantir l'ordre et la liberté. C'est donc à
tort qu'on avait, en France, reproché à la Cham-

bre de 1824 de contenir un grand nombre de députés tirés de la noblesse, puisque la Chambre *élue* doit être composée de l'*élite* de la nation en dehors des pairs, ainsi que le veulent la raison, l'étymologie et l'expérience.

La loi d'élection du 5 février 1817, en donnant toute l'influence à la classe mitoyenne, avait choisi la combinaison la plus fatale au repos d'un pays. Au-dessous de cette classe, les hommes peu instruits et peu aisés ne peuvent avoir ni l'idée de se mêler des affaires de l'Etat, ni l'espoir de profiter d'un revirement pour s'élever bien haut; la plus belle chance que puisse leur offrir une révolution, c'est un jour de pillage. Au-dessus de la classe mitoyenne, des ambitions peuvent lutter pour quelques emplois; mais l'intérêt de conserver ce qu'on possède est trop grand pour qu'on risque d'amener des bouleversemens. C'est dans la classe moyenne, au contraire, que se trouvent les hommes envieux des situations supérieures, se croyant, par leurs lumières et leurs talens, plus propres à les bien remplir que les possesseurs actuels, et disposés à provoquer bien plus qu'à redouter des révolutions qui peuvent changer les rôles. La classe dont l'influence politique est la plus dangereuse pour la tranquillité publique, fut donc mise en possession, par l'imprudente loi de 1817, de la principale part dans le gouvernement de l'Etat ; car, au moyen des usurpations de la Chambre des députés sur les deux autres pouvoirs, se rendre maître de la nomination des députés, c'est se rendre aujourd'hui maître du gouvernement, et même de l'administration. Ceux qui avaient fait cette loi en reconnurent bientôt les funestes effets, les uns à la seconde, les autres à la troisième épreuve ; mais les trois cinquièmes des députés en étaient déjà le produit. Il fut impossible de détruire le mal ; on ne put que le corriger en partie, en introduisant dans la Chambre, par le moyen des colléges de département, des députés de la grande propriété : malheureusement, ceux-ci n'en formèrent que les deux cinquièmes ; et les effets démocratiques de la loi du 5 février continuèrent à se faire sentir dans l'élection des trois autres cinquièmes, c'est-à-dire de la majorité. Voilà l'influence démocratique qu'il est nécessaire de détruire, si l'on ne veut faire du gouvernement de la France une arène perpétuelle, si l'on ne veut nous livrer à une lutte interminable, régulièrement organisée, qui ne peut manquer d'affaiblir promptement le corps social, et de nous laisser, sans repos et sans force, livrés à tous les fléaux intérieurs ou extérieurs.

Le mal est évident ; il n'y a qu'un seul remède : il faut à notre loi d'élection démagogique
(en entendant ce mot dans le sens des législa-
teurs de l'antiquité) substituer une loi qui donne,
pour la composition de la Chambre des députés,
l'influence principale aux premiers du peuple, à
ceux qui sont le plus intéressés aux succès et
au bonheur de la société ; à ceux qui doivent
être, de droit et par préférence, chargés de défendre les intérêts du peuple, ainsi qu'on a toujours vu chargés des intérêts généraux les magistrats dans les communes, les syndics dans les
corporations, les plus forts actionnaires dans les
sociétés de commerce : ce que l'expérience a toujours fait reconnaître comme le meilleur moyen
d'obtenir des résultats favorables aux intérêts de
tous. Le mal est donc, comme nous l'avons dit,
dans la législation même, et non dans les passions du moment ; dans la Constitution, telle
qu'on l'a dénaturée en l'appuyant sur une loi
d'élection qui en arrête le mouvement, et non
pas dans des circonstances passagères. Il faut
donc aller chercher le mal à sa source pour le
guérir ; il faut changer la loi d'élection.

CHAPITRE VI.

——

Sur le refus du budget.

Nous nous sommes occupés jusqu'ici du passé ; nous nous sommes efforcés de rétablir les vrais principes de la Charte, dont nous sommes si loin, quoiqu'on n'en ait jamais tant parlé ; nous avons apprécié les actes de la dernière Chambre, et la nécessité de la dissolution. Une nouvelle Chambre va être convoquée ; nous allons examiner l'avenir, qui se prépare sous deux points de vue différens, en discutant deux questions souvent controversées depuis quelque temps, savoir : celle du refus du budget ; et celle des associations pour le refus de l'impôt, ce qui amènera quelques réflexions sur les coups d'État.

Le droit donné à la Chambre d'accorder ou de refuser le budget, ne donne-t-il pas le moyen de suppléer à la limite trop étroite où la Charte a renfermé le droit d'accuser les ministres ? Si la nomination d'un ministère ou incapable ou appartenant à une opinion dangereuse ; si le mauvais choix ou la destitution des agens civils ou militaires; si les fautes de l'administration ne présentent pas des cas de responsabilité, la Chambre, qui ne peut pas mettre en accusation, n'a-t-elle pas le moyen de remédier à ces inconvéniens en refusant le budget, si on ne fait pas dans l'administration les changemens qu'elle demande, si on ne donne pas au gouvernement la direction qu'elle désire? Nous répondrons nettement : Non, la Chambre ne peut pas refuser le budget. Expliquons-nous sur cette expression *ne peut pas*. Dans la question, si long-temps controversée autrefois et non encore résolue, du libre arbitre, l'on disait d'un côté : « Vous ne pouvez pas vous jeter par la fenêtre. — Certainement, répondait-on, je suis le maître de le faire. — Il n'y a pas d'impossibilité physique, répliquait-on, puisque la fenêtre est ouverte et que personne ne vous tient; mais vous *ne le pouvez pas,* parce que vous *ne pouvez pas* le vouloir, vous, homme sensé, qui n'avez point et n'aurez point l'envie de vous tuer. »

La question est exactement la même pour le refus du budget. « Il est physiquement possible que, vous majorité, vous mettiez une boule noire dans l'urne ; mais vous ne pouvez pas rejeter le budget, *parce que vous ne pouvez pas le vouloir,* parce que vous n'avez pas envie de vous tuer ni de faire périr la France qui vous a envoyés. — Vous avez raison dans un sens, répond cette majorité. Il est certain que nous ne voulons ni ne pouvons refuser le budget, en dernier résultat, c'est-à-dire que nous ne voulons ni ne pouvons vouloir qu'il n'y ait pas de budget voté pour l'année prochaine, ni d'impôts payés dans le cours de cette année ; mais nous pouvons et voulons refuser aujourd'hui le budget, parce qu'alors on fera ce que nous demandons ; on nommera des ministres qui nous seront agréables ; après quoi, nous voterons le budget. »

Voilà la vérité, et nous allons porter la discussion sur ce terrain. La Chambre veut, non pas précisément refuser le budget, mais l'accorder sous condition, c'est-à-dire le refuser jusqu'à ce que le roi lui ait obéi, pour l'accorder ensuite dès qu'elle sera satisfaite. Examinons cette manière d'agir. La Chambre reste-t-elle ici dans la limite de ses droits ?

Il n'y a point, en politique, de droits absolus ; ils sont nécessairement bornés par la raison ; et de plus, ils sont limités par les autres pouvoirs : car, dans la Constitution de tout pays, les droits de chaque pouvoir sont divers, opposés même dans leurs conséquences. Si les droits de l'un des pouvoirs étaient portés à leurs extrêmes conséquences, les droits des autres pouvoirs seraient anéantis. Le roi nomme les pairs, et le nombre en est illimité : il a donc le droit d'en faire dix mille, cent mille; il peut donc dire que tous les nobles de France seront pairs de France. Le droit est écrit; la raison le circonscrit. Il en est de même du droit, pour la Chambre des députés, de refuser le budget jusqu'à ce qu'elle ait obtenu telle chose; mais quelle chose? celle-ci, puis celle-là, puis tout. Elle fera ainsi tout ce qu'elle voudra, tout sans exception; elle régnera seule; les autres pouvoirs sont anéantis : elle restera seule un pouvoir; il ne peut plus y en avoir d'autre. En effet, suivez l'application de ce système.

La Chambre des députés refuse le budget, parce que les ministres lui déplaisent. On les remplace, mais dans la même ligne d'opinion; même refus jusqu'à ce qu'ils soient pris dans une opinion opposée, et puis enfin jusqu'à ce que ce soit messieurs tels et tels. Le moyen trouvé, on accordera toujours le budget sous condition, et la Chambre s'assurera tous les priviléges qui lui conviendront. Il n'est rien qu'elle n'obtienne en refusant le budget; car il faut l'obtenir ou périr.

Mais dans ce système d'user de toute la lati-

tude de ses droits sans leur reconnaître la raison
pour limite, la Chambre des pairs, qui a exactement le même droit de refuser le budget, voudra peut-être aussi quelque jour tirer parti de
cette faculté pour accroître son importance, et
vendra aussi au roi son concours nécessaire pour
le budget, au lieu de le donner. Ainsi, qu'il con-
vienne un jour à cette Chambre que chaque pair
de France soit le seigneur d'un arrondissement,
qu'il y exerce la haute, moyenne et basse justice, qu'il y possède quelques autres menus droits,
MM. les pairs déclareront qu'ils refuseront le
budget jusqu'à ce qu'on ait présenté et adopté une
loi qui leur donne ces attributions. Qu'a-t-on à
dire? qu'elle force la main aux deux autres pouvoirs? Elle répondra comme la Chambre des députés, quand on lui dit qu'elle force la main au
roi : J'ai le droit de refuser le budget; j'en use.
Cela ne compromet pas le salut public, attendu
qu'on aura le budget très-facilement en faisant
ce que je veux.

Et si le roi voulait aussi refuser de sanctionner
le budget jusqu'à ce qu'il ait obtenu quelque loi
que lui refuseraient les Chambres, jusqu'à ce que
quelque disposition nouvelle ait ajouté à ses prérogatives? Le roi refuser le budget! Et pourquoi
pas? Sa sanction n'est-elle pas nécessaire? Le

droit d'accorder n'emporte-t-il pas celui de refuser? Il a aussi le droit, et aussi il en use. L'on voit qu'un droit commun aux trois pouvoirs ne peut donner à aucun d'eux une influence sur les autres, parce que cette influence serait réciproquement exercée, et par conséquent n'est un avantage particulier à aucun. Ainsi, la Chambre des pairs peut refuser le budget; le roi peut le refuser, tout aussi bien que la Chambre des députés : le concours des trois pouvoirs est également nécessaire pour la loi du budget comme pour toutes. Chacun des trois pouvoirs a donc le moyen de forcer les deux autres à lui accorder ce qu'il est décidé à obtenir, en refusant le budget, jusqu'à ce qu'on ait cédé à sa volonté.

Nous entendons dire : Ceci n'est qu'un jeu d'esprit; la Chambre des pairs ne refusera jamais le budget; elle est trop sage, trop raisonnable pour cela, trop amie du repos public. On peut encore moins supposer que le roi refusera sa sanction au budget; il aime trop la France pour la livrer au désordre, à l'anarchie, aux convulsions. Nous le croyons fermement. Mais quoi, suivant nos adversaires, la Chambre des députés n'est donc pas sage, n'est donc pas raisonnable, n'est pas amie du repos public comme la Chambre des pairs? Suivant eux, la Chambre des députés, moins attachée que le roi à notre patrie, livrera donc la France au désordre, à l'anarchie, aux convulsions! Pour nous, nous rendrons plus de justice à la Chambre des députés; nous l'estimons plus que ceux qui se font ses avocats, et nous croyons qu'elle n'userait pas plus que les autres pouvoirs d'une faculté aussi funeste au bonheur public, et qui n'appartient en réalité à aucun pouvoir, s'il n'est en état de démence.

Du droit d'accorder tirer le droit de refuser, ce n'est pas toujours bien raisonner.

Le roi a le droit de nommer les juges; en doit-on conclure le droit de n'en pas nommer du tout, et de nous laisser sans justice? Le roi, en donnant la Charte, a eu le droit de nommer une Chambre des pairs : avait-il le droit de n'en pas nommer? Mais, dira-t-on, la Charte veut qu'il y ait une Chàmbre des pairs. Ne veut-elle pas aussi qu'il y ait un budget, puisqu'elle établit une liste civile, la garantie des dettes de l'Etat et des pensions, une magistrature, etc., etc.? Il n'est pas plus permis de laisser l'Etat sans budget, que sans justice et sans Chambre des pairs.

Mais alors comment la Chambre exercera-t-elle son intervention dans le gouvernement? Comment défendra-t-elle le pays contre un mauvais ministère, ou même contre un mauvais roi,

contre un système funeste? La Constitution ne
donne pas à la Chambre le droit d'intervenir
dans le gouvernement, mais seulement dans la
législation. Elle défendra le pays contre le ministère, contre le roi s'il y a lieu, contre le système, en refusant les mauvaises lois si on en
propose, en mettant les ministres en accusation,
s'ils violent ou refusent d'exécuter celles qui existent. Ces moyens suffisent pour que la nation
soit défendue contre les abus et l'oppression, sans
qu'il soit besoin du refus du budget, lequel est
illégal, criminel, impossible.

Il pourrait cependant se présenter un cas où
il serait permis à une Chambre de refuser le budget. Les Chambres ont le droit d'examiner ce qui
leur est proposé par le roi, et de refuser ce qui
leur semble pernicieux. Nous voulons que les
Chambres puissent exercer ce droit, même sur
le budget; car nous serions les premiers défenseurs des droits des Chambres, si on les attaquait,
comme nous le sommes aujourd'hui de ceux du
trône.

Nous voulons que chaque pouvoir jouisse de
ce que la Charte lui assure. Si donc une Chambre
était convaincue, par exemple, que tel impôt
(soit qu'il fût ancien ou nouvellement proposé
dans le budget) doit nuire à la richesse publique,

et qu'il faut remplacer ce moyen de pourvoir aux
dépenses de l'Etat par une autre recette moins
onéreuse aux contribuables; il faut qu'elle ait le
moyen de refuser cet impôt nuisible. Dans l'état
actuel, illégal et inconstitutionnel, il n'y aurait
pas là une raison pour refuser le budget; la
Chambre retrancherait par un amendement l'impôt dont elle ne veut pas, et pourrait même, par
amendement, lui en substituer un autre; car
l'initiative royale gêne peu ses opérations. Mais
quand nous serons rentrés dans la Charte autrement qu'en paroles; quand l'article 46 de la Charte
sera ressuscité, s'il arrivait que le roi refusât de
consentir à ce que l'amendement qui supprime-
rait l'impôt regardé comme pernicieux fût mis
en délibération, la majorité, qui serait convaincue de la nécessité de l'amendement, devrait alors
refuser le budget, qui serait bientôt présenté de
nouveau avec une autre combinaison financière.
C'est ce qui est arrivé plusieurs fois, en pareille
circonstance, dans les Pays-Bas, où le droit d'a-
mendement n'existe pas. Voilà le seul cas où il
serait permis de refuser le budget, lorsque ce refus est nécessaire pour que les Chambres exercent
sur le budget comme sur les autres lois, le droit
d'examiner, d'adopter ou de rejeter. Mais ce refus ne devrait être fondé que sur des motifs tirés du

budget même; et dans la forme actuelle des discussions, il ne pourrait avoir lieu, puisqu'il y a
un autre moyen de parvenir au but. Nous le répétons, un refus du budget par des motifs étrangers au budget, est inconstitutionnel, et n'est
qu'un moyen d'envahissement sur les autres pouvoirs, qu'un moyen de mettre entre les mains de
la Chambre des députés le pouvoir absolu et le
régime du bon plaisir.

CHAPITRE VII.

Des associations pour le refus de l'impôt,
et des coups d'Etat.

DES associations se sont formées en diverses provinces dans le but de s'unir pour refuser l'impôt, si l'on tentait de le percevoir, sans qu'il eût été préalablement voté dans les formes établies par la Charte. Ces associations sont une insulte pour le gouvernement du roi. Nous ne traiterons pas cette question, décidée par plusieurs arrêts. Nous allons envisager les associations pour le refus de l'impôt sous un autre point de vue, et en faire connaître les dangers.

Les associés s'engagent à refuser le paiement d'un impôt qui n'aurait pas été régulièrement voté dans les formes établies par la Charte. Eh bien! si nous avions signé cette association, nous nous croirions dispensés de payer l'impôt dès aujourd'hui, en 1830. En effet, il suffit d'avoir fait quelqu'attention à la manière dont le budget est discuté dans la Chambre des députés, pour

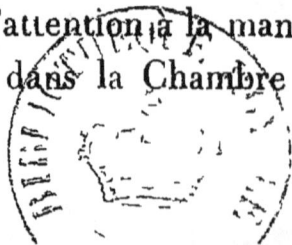

être convaincu qu'il y a là une violation manifeste de la Charte. Un grand nombre d'amendemens ont été soumis à la délibération sans avoir
été consentis par le roi, et plusieurs ont été
adoptés : ce qui est une violation de l'article 46.
L'extrême subdivision des articles, et la spécialité des votés est également contre la Charte; il
est évident qu'une loi ainsi discutée et ainsi
amendée, n'a pas été régulièrement votée. Si donc
nous renoncions au seul principe que nous recon-
naissions sur cette matière, et sans lequel aucun
gouvernement n'est possible (savoir : qu'il faut
toujours payer provisoirement un impôt demandé,
même illégal, sauf à poursuivre après, en resti-
tution, et pour crime de concussion, devant les
tribunaux ou les Chambres, les agens inférieurs
du gouvernement, et les ministres qui auraient
ordonné la levée de cet impôt illégal); si donc,
au lieu de cette doctrine, nous adoptions le principe qu'il faut refuser le paiement de tout impôt
qu'on ne trouve pas régulièrement voté, nous
déclarons que, dans notre âme et conscience,
nous ne regardons pas le budget actuel comme
voté dans les formes établies par la Charte, et
qu'en conséquence nous devrions, dès à présent,
refuser le paiement des impôts votés dans les der-
niers budgets. Mais chacun, suivant la direction

de ses idées, pourra trouver d'autres irrégularités dans le vote de l'impôt, et devra refuser de payer. Ainsi nous, nous trouvons cette irrégularité dans la violation de l'article 46 de la Charte; un autre la trouvera dans la septennalité. Il ne reconnaîtra pas aux trois pouvoirs le droit de changer un article de la Charte; il dira que la Chambre qui a voté le budget de 1830, aurait dû être renouvelée pour un cinquième, et il refusera cet impôt irrégulièrement voté. Un autre trouvera d'autres raisons bonnes ou mauvaises, pour démontrer qu'il y a eu des irrégularités dans le vote du budget : il prétendra, par exemple, que le double vote dans les élections est contraire à la Charte, et que la Chambre produite par ce mode d'élection, ne peut rien voter régulièrement, etc., etc. Car, quelle est l'idée qui ne puisse pas entrer dans un esprit de travers, et quelle tentation, quand il vous suffit d'un faux raisonnement pour vous autoriser à garder votre argent!

Est-il un plus grand danger pour l'ordre public que d'entraîner chacun à se faire juge de la loi, et à refuser d'obéir toutes les fois que cela lui convient?

Abordons un autre ordre d'idées, et prouvons qu'il s'est trouvé dans tous les pays des circonstances tellement critiques, qu'il a fallu y suspendre momentanément l'ordre régulier et légal; et qu'ôter d'avance au gouvernement cette dernière ressource, si de telles circonstances se présentaient, c'est préparer la ruine de sa patrie.

Dans la longue vie des nations, il s'est toujours trouvé des époques de crises, de dangers, où l'existence même de l'Etat était compromise par des évènemens de diverses natures. Il est bien rare que dans de pareils momens, on ait pu parer aux périls imminens, sans avoir recours à des moyens extraordinaires. Ainsi, la première fois que Rome a eu recours à la dictature, cet usage momentané d'un pouvoir absolu n'était pas prévu dans la Charte romaine; mais la patrie en danger fut sauvée, contre les règles il est vrai, ce qui vaut mieux que de périr dans les règles. Dans le danger pressant d'une invasion, un roi légitime et constitutionnel ferait ce que fit en 1813 Bonaparte, qui ajouta, par un simple décret, trente centimes additionnels aux impôts. La nécessité de sauver le pays est la première loi.

Louis XVIII, le 13 juillet 1815, régla le mode des élections par une ordonnance. Les circonstances étaient graves et extraordinaires, sans doute; mais enfin, l'usurpation des cent jours était finie, la Chambre des députés qui avait

voté les lois et le budget en 1814, pouvait être
rassemblée et faire une loi d'élections : l'on pouvait enfin agir régulièrement. Louis XVIII a
jugé qu'il était plus utile au salut de l'Etat de
chercher un remède dans des mesures extraordinaires. Il savait sans doute que sa Charte ne lui
avait pas interdit ce pouvoir, puisqu'il voulut en
user. Il est donc des circonstances où il est impossible de suivre les formes régulières. Pourquoi
donc des engagemens qui peuvent être impru-
dens et dangereux ? Pourquoi prévoir des cas qui
n'arriveront peut-être pas ? S'il survenait une
maladie grave du corps social, pourquoi se priver
d'avance du seul remède peut-être ?

Il n'est même pas toujours besoin de ces
grandes catastrophes pour qu'il soit impossible
de s'en tenir aux règles établies, et pour qu'il
faille recourir aux remèdes extraordinaires.

Si, par exemple, il arrivait un jour (nous
pouvons tout supposer, même les choses les plus
extraordinaires, puisque l'association n'est fondée que sur des suppositions et s'applique à toutes); s'il arrivait qu'une Chambre mi-partie
libérale et royaliste fût remplacée par une Chambre toute libérale, une Chambre ainsi composée
d'élémens démocratiques, serait par cela même
en opposition avec la Chambre aristocratique.

Voilà donc les deux Chambres engagées dans des lignes d'opinions tout à fait contraires : qu'arrivera-t-il? Les deux Chambres à qui la Charte a donné les mêmes droits, se servent, pour combattre, des mêmes armes. Elles prétendent l'une et l'autre dicter le choix des ministres; s'ils sont pris dans l'opinion monarchique, la Chambre des députés refuse le budget; on les remplace par des hommes de l'opinion démocratique, la Chambre des pairs refuse le budget; ou si les passions ne sont pas enflammées jusqu'à ce point, la Chambre des députés mutile le budget, et désorganise les services par des amendemens appliqués à tous les détails de l'administration. La Chambre des pairs, gardienne de la Charte et du pouvoir royal, rétablit par amendement les articles supprimés, et ramène le budget aux termes de la proposition royale. Il en est de même pour toutes les autres lois; des dispositions démocratiques sont ajoutées par la Chambre des députés et retranchées par la Chambre des pairs. L'inverse a lieu pour les dispositions aristocratiques et monarchiques. Quel parti prendra le roi, quand rien ne peut se faire sans le concours de deux volontés toujours contraires? Il cassera encore la Chambre. Mais nous supposons qu'une loi d'élections démocratique qui n'a réservé une juste influence sur les choix ni au roi, ni aux pairs, ni aux principaux propriétaires, ait commis l'imprudence de livrer l'un des pouvoirs de l'Etat à la démocratie et à cette classe moyenne qui, en politique, fournit tant d'instrumens tout prêts aux factieux, aux brouillons, aux ambitieux, aux demi-talens envieux de toute supériorité; il n'est donc plus permis de recourir à une dissolution.

L'on voit que la Constitution se trouve engagée ici dans un défilé dont il est impossible de sortir par les voies régulières. Il faut que le pouvoir suprême apparaisse pour nous sauver; il faut que ce qu'on nomme un *coup d'Etat* vienne rendre le mouvement au vaisseau de l'Etat, arrêté sur un écueil.

Qu'il nous soit permis de bien définir ce que l'on nomme un *coup d'Etat.* Un coup d'Etat (que l'Académie définit *un coup utile au bien de l'Etat*) n'est point un acte contraire aux lois (lequel ne peut avoir lieu que dans des cas sur lesquels la loi s'est nettement expliquée), mais un acte non prévu par la Constitution, fait pour une situation non prévue par la Constitution : ce n'est point un acte illégal, mais un acte extralégal. Ainsi, qu'il plaise à un ministre de violer les lois suivant son caprice, d'entrer dans un

système contraire à la Constitution sans une nécessité évidente, ce sera en vain que le ministère
donnerait à de pareils actes le nom de *coup
d'Etat;* nous n'y verrions qu'un acte illégal qui
engagerait sa responsabilité, et appellerait une
accusation. Toutes les fois que la Constitution
présente des moyens réguliers et efficaces de
sortir de la difficulté qui embarrasse les affaires
publiques; toutes les fois qu'on peut parvenir
légalement à une solution par le moyen des pouvoirs établis, et sans qu'ils sortent de leurs attributions ordinaires, il ne peut pas y avoir lieu
à un coup d'Etat, et toute atteinte à la Constitution n'est qu'une violation criminelle de la loi.
Mais quand la loi ne fournit pas de remèdes à
un mal évident, faut-il périr dans les convulsions ou chercher un remède hors de la loi ? Les
pouvoirs constitués fournissent des remèdes contre tous les maux dont la source n'est pas en
eux-mêmes; mais si c'est d'eux-mêmes que vient
le mal, s'il y a lutte entre eux, où est le juge
au-dessus d'eux ? Ne peut-il pas arriver que des
rouages mêmes de la Constitution naissent des
embarras qui mettent dans l'impossibilité de
faire un pas ? Quand plusieurs de ces rouages
doivent nécessairement concourir au jeu de la
machine, si quelqu'un d'eux se dérange, s'ils

cessent d'aller dans le même sens, si la machine
ne renferme pas dans sa constitution quelque
moyen de mouvement qui puisse suppléer au
mobile détraqué, ne faut-il pas de toute nécessité suspendre sa marche pour y faire les répa-
rations nécessaires? Si, dans un Etat, le mouvement régulier ne peut plus vous conduire, s'il
y a évidemment impossibilité de se mouvoir, la
providence terrestre, à laquelle est principale-
ment confié le salut d'un peuple, doit-elle le
laisser périr, plutôt que de chercher dans des
moyens extraordinaires les ressources que lui
refusent les formes ordinaires? Une réponse af-
firmative serait d'autant plus insensée, qu'il y
a beaucoup de manières d'arriver à des circonstances où les lois établies ne fournissent pas de
remède au mal présent, attendu qu'il n'y a jamais eu, depuis le commencement du monde,
une Constitution qui ait tout prévu.

La Charte a réglé l'ordre des pouvoirs; mais
si le désordre vient de l'un de ces pouvoirs, qui
veut sortir de l'orbite qui lui est assigné, quel
remède offre la Charte? Nous supposons que la
Chambre des députés, poussée par un parti qui
serait parvenu par les intrigues à s'assurer la
majorité et dans la Chambre et dans les élections, en vînt un jour à se constituer en révolte;

si, par exemple, elle continuait à délibérer après
un ajournement ou une dissolution prononcée
par le roi; si, négligeant ou dédaignant la Charte,
elle s'obstinait à discuter en séance publique des
propositions de loi faites par un de ses membres,
ou à délibérer sur des amendemens qui n'auraient pas été consentis par le roi, ou à se faire
présider par un membre qui n'aurait pas été
présenté comme candidat à l'agrément du roi;
si deux Chambres de suite avaient refusé le budget ou refusé leur concours au gouvernement du
roi, et s'obstinaient ainsi à ne pas remplir leurs
fonctions dans l'Etat; après que le roi aurait
plusieurs fois sommé la Chambre de rentrer
dans l'observation de la Charte, de respecter sa
prérogative, de lui rendre ses droits, qu'elle
usurpait, et de remplir par son concours les
fonctions auxquelles elle est appelée, que pourrait-on faire si la Chambre refusait d'obéir? La
dissoudre; mais le parti maître des élections
a renvoyé deux fois les mêmes députés, et con-
tinuerait. Nous le demandons : quel moyen régulier pourrait-on employer? quel remède offre
la Charte? Poursuivre les députés; mais devant
quel tribunal? D'ailleurs, la Charte ne permet
ni d'arrêter ni de poursuivre un député sans le
consentement de la Chambre. Obtiendra-t-on ce

consentement d'une majorité complice? Que faire donc? Quelle ressource régulière trouver dans la Constitution? On le voit, il faut en revenir à ce pouvoir suprême qui existe en dehors de la Charte et avant la Charte, qui est toujours chargé de veiller sur l'Etat, de sauver le pays par des moyens réguliers, dans les temps réguliers, et par des moyens extraordinaires dans les temps extraordinaires; de délier tous les nœuds qui embarrassent la machine, et de les trancher hardiment, si les factions et leurs intrigues les ont trop embrouillés.

Mais nous nous tromperions en parlant de ce *pouvoir suprême* comme existant seulement *en dehors de la Charte* et *avant la Charte*. Il existe aussi dans la Charte et par la Charte; nous en prenons à témoin l'un de nos plus rudes adversaires. L'article 14 de la Charte commence par ces mots: *Le roi est le chef suprême de l'Etat.* Que veulent dire ces mots : *Le chef suprême?* M. Benjamin Constant, qui a bien voulu prendre la peine de faire pour notre instruction un petit commentaire sur les principaux articles de la Charte (dans lequel commentaire il a pourtant oublié, par hasard, l'article 46), M. Benjamin Constant commente ainsi ces mots de l'art. 14: « *Le chef suprême,* c'est-à-dire le chef de l'en- « semble, la puissance supérieure qui retient les

« autres pouvoirs dans leurs attributions respec-
« tives; la clé de la voûte qui empêche les maté-
« riaux de se déplacer (1). »

Voilà donc, suivant la Charte interprétée par M. Benjamin Constant, le roi, chef suprême de l'État, chargé comme *puissance supérieure de retenir les autres pouvoirs dans leurs attributions respectives*. Et s'ils sortent de leurs attributions, si *les matériaux tentent de se déplacer*, par quels moyens le chef suprême remettra-t-il tout en place? Si la Charte n'en indique point, ou que celui qu'elle indique soit reconnu insuffisant, le roi choisira nécessairement dans sa sagesse, et emploiera un moyen extraordinaire très-constitutionnellement.

Dans toute cette discussion, nous sommes loin d'établir en principe qu'un prince puisse violer la loi fondamentale de son royaume; nous sommes loin d'engager jamais aucun souverain à le tenter légèrement : c'est toujours se lancer sur une mer orageuse; mais il est également imprudent de proclamer qu'il n'existe aucun cas possible où l'on puisse s'écarter des règles ordinaires, et de s'engager à ne jamais le souffrir. C'est là de ces questions délicates qu'il ne faut

(1) *Courrier français* du 21 janvier 1830.

point toucher : le moment seul les décide. Agir hors de l'enceinte légale, sans une nécessité évidente, c'est s'exposer de gaieté de cœur à de funestes troubles, c'est provoquer une résistance légitime et ses terribles conséquences. Mais si la nécessité évidente existe, si elle frappe tous les yeux qui ne sont pas fermés par la passion, nous disons que s'opposer à cette suspension forcée de la Constitution, s'engager à la désobéissance et à la résistance, c'est périr par un respect superstitieux pour des théories; c'est dire avec des hommes, dont les signataires des associations ne consentent cependant pas tous à accepter la succession : *Périsse la France plutôt qu'un principe !*

Il faut remarquer de plus, que le mal dont souffre la France est du genre de ceux qui ne peuvent presque jamais être écartés par les règles ordinaires dans un gouvernement représentatif. Une fois qu'un peuple a le malheur d'être livré à une mauvaise loi d'élections, il ne peut plus la changer régulièrement, puisqu'il faudrait l'adhésion de ceux qui en profitent, de ceux-là mêmes qu'elle a envoyés à la Chambre. Nous le demanderons à ces hommes estimables du centre droit, qui, après avoir proposé la loi de 1817, en reconnurent le danger à l'épreuve, et déclarèrent que si cette loi n'était pas changée, les révolu-

tionnaires s'empareraient du gouvernement et
renverseraient le trône (car ils ne prenaient pas
alors le soin de déguiser leurs répugnances pour
les Bourbons); nous le demandons aux ministres
de cette époque : si, après la loi de 1817, au lieu
de l'élection d'un cinquième le renouvellement
intégral avait eu lieu, et qu'une majorité hostile
contre la couronne n'eût laissé aucune possibilité
d'un changement régulier, auraient-ils conseillé
au roi de leur abandonner ses droits et la France,
plutôt que de changer le funeste système d'élections par une ordonnance? La réponse n'est pas
douteuse. Il est donc des cas où ces extrêmes ressources sont nécessaires. La seule question est
de savoir si les restes de la loi de 1817 vont nous
placer dans cette situation.

Nous désirons vivement que le gouvernement
ne soit pas obligé de sortir des voies ordinaires,
et que le roi n'ait pas besoin d'user des pouvoirs
extraordinaires où nous trouverions notre salut
dans les momens de crise, parce qu'il nous paraît préférable de beaucoup qu'il n'y ait pas de
crise : mais si nous formons ces vœux, ce n'est
pas que les coups d'Etat, qu'on nous annonce, nous
effraient, et que nous ayons aucun doute sur leur
succès. C'est en vain que les journaux nous crient
« que si la représentation nationale était violée,

« faussée, dénaturée, l'on ne paierait point un
« budget ainsi voté. » Le refus de l'impôt, dans
un tel cas, sera fort difficile à croire pour beaucoup de personnes en France. Qu'est-ce qui y
croira? Ce ne seront pas les jacobins, car ils savent trop bien que quand ils ont violé au 31 mai
la représentation nationale, l'impôt n'en a pas
moins été payé. Ce ne seront pas les libéraux du
18 fructidor (c'est-à-dire les libéraux à la façon
de M. Benjamin Constant, qui appartenait alors
à ce parti), puisqu'ils violèrent alors la représentation nationale, sans que l'impôt cessât d'être
payé. Ce ne seront pas les buonapartistes, pas plus
les républicains consulaires que les monarchistes
impériaux, puisque la représentation nationale,
violée par eux au 18 brumaire, faussée et dénaturée, d'abord par l'élimination, puis par la suppres-
sion du Tribunat, n'empêcha pas de payer l'impôt
très-exactement. Ce ne sera pas le parti qui avait
élu et adopté la Chambre des représentans des
cent jours, puisque leurs énergiques protestations
contre la violation de la représentation nationale
n'empêchèrent pas de payer l'impôt qu'ils n'a-
vaient pas voté. Ce ne seront pas non plus les diverses nuances des royalistes qui composaient la
Chambre de 1815, puisqu'élus en vertu d'*une
ordonnance* qui créait un mode d'élections, ils

votèrent unanimement un budget qui fut payé.
Il en serait de même aujourd'hui, si un semblable moyen devenait nécessaire. Le peuple se mêle rarement et ne se doute même pas de ces grandes affaires de gouvernement, qui agitent tant quelques brouillons subalternes : il s'en mêlerait encore moins à présent qu'il est heureux, content, riche et libre sous le sceptre paternel de son roi, plus qu'il ne le fut jamais à aucune époque. Il ne s'inquiétera ni ne se mêlera de la révolte des écritoires, contre lesquelles il n'est pas besoin de préparer des foudres. Un budget adopté par le roi et les deux Chambres, paraîtra toujours légal aux bons citoyens, et sera payé, de quelque manière que la Chambre des députés ait été formée. Ils savent que si la Chambre des députés n'avait pas un caractère légal, le roi ne proposerait pas et ne sanctionnerait pas le budget; que la Chambre des pairs ne le voterait pas; mais que quand ces pouvoirs éminens ont prononcé et consacré, par leur concours avec elle, la légalité de la Chambre, il n'appartient pas à chaque individu isolé de juger des droits légitimes de l'un des pouvoirs, suivant ses petites lumières, suivant ses intérêts d'argent ou de faction, et de refuser l'impôt que la Chambre des pairs aurait adopté; ce qui prouverait pleinement

qu'elle reconnaît comme légale la Chambre qui l'aurait voté. Quel individu oserait mettre son opinion personnelle en balance avec celle de la Chambre des pairs ? Quelle autorité, quel tribunal le souffrirait ?

CHAPITRE VIII.

Sur les droits au trône de Portugal.

En nous proposant de traiter des questions politiques de 1830, nous n'avons pas eu l'intention d'y comprendre les questions de la politique extérieure ; ce serait un ouvrage à part, et assurément un ouvrage très-considérable, pour lequel le temps nous manquerait moins encore que le talent : mais nous ne pouvons nous refuser au désir de faire quelques observations sur une question qui embarrasse depuis plusieurs années la diplomatie européenne, et dont la solution ne peut tarder : celle de la succession au trône de Portugal. Comme elle s'est liée en France aux opinions de parti, il peut être encore utile de faire voir aux hommes de bonne foi qu'on les a trompés sur l'extérieur comme sur l'intérieur.

Avant d'examiner si c'est don Miguel ou dona Maria qui doit être regardé comme souverain légitime, il importe de bien établir ce qui constitue la légitimité.

Il y a deux sortes de légitimités : l'une claire,

évidente, qui frappe tous les yeux ; aussi aisé-
ment aperçue des ignorans que des savans ; qui
n'a besoin d'être ni discutée ni proclamée, et
dont l'effet est de faire dire en même temps à
chacun, dans tous les coins du royaume et même
du monde, ces paroles officielles du héraut : *Le
roi est mort, vive le roi!* L'on voit du premier
coup-d'œil qu'entre les deux prétendans il n'est
pas question de cette sorte de légitimité, qui ne
peut s'appliquer ni à l'un ni à l'autre. Lorsqu'on
a dit en Portugal *le roi est mort*, il ne s'est pas
élevé, à la fois, de tous côtés, une voix unanime
disant : *Vive don Miguel!* il ne s'est pas élevé
une seule voix disant : *Vive dona Maria !*
Cette légitimité incontestable et universellement
connue, n'existait donc pour aucun des prétendans. En supposant même que don Pedro possé-
dât cette légitimité incontestable (ce que nous
ne pensons pas), la question serait la même.
Don Pedro cessant d'être roi (soit par mort ou
abdication), la légitimité incontestable et généralement connue n'aurait pu faire pousser d'autre
cri que *vive son fils aîné!* Personne au monde
n'eût dit, dans ce cas, *vive dona Maria!* car
l'abdication de don Pedro ne peut entraîner celle
de son fils, qui, comme mineur, ne pourrait pro-.
noncer une abdication valable.

Il ne faut point, en effet, confondre une abdication avec une renonciation, qui doit s'étendre aux enfans. Un roi renonce à un trône; il reconnaît n'y avoir plus aucun droit: alors, comme on ne peut transmettre ce qu'on n'a pas, les enfans n'ont aucun droit; et la renonciation, si elle est regardée comme valable pour lui, l'est aussi pour eux. Mais don Pedro, bien loin de renoncer à ses droits, les établit d'abord, quoiqu'ils soient contestés et contestables, et ensuite il abdique. Ces droits, s'ils existaient, appartiennent dès lors à son fils aîné, qui seul peut les abdiquer. La légitimité ne donne aucun droit de transmettre le trône à qui il plaît, mais seulement de l'abandonner : c'est un majorat dont on ne peut disposer, et qui passe, si vous le quittez, à l'héritier, connu d'avance, qui doit vous succéder. Don Pedro ne pouvait donc, d'après les règles de la légitimité, transmettre le trône à dona Maria, même quand il lui aurait appartenu sans contestation : il ne pouvait qu'abdiquer, et alors le trône appartenait à son fils. Avant la majorité de ce fils, personne ne pouvait en disposer pour lui. Il est donc évident que cette première sorte de légitimité, celle qui est évidente et généralement connue, ne désignait pas plus dona Maria que don Miguel comme devant occuper le trône de Portugal.

Il y a une légitimité d'une autre sorte : c'est celle qui règle la succession, quand, par quelque circonstance, la première légitimité n'existe pas, quand il n'y a pas de ces droits évidens, qui placent sans discussion la couronne sur la tête d'un successeur certain. Cela peut arriver dans plusieurs cas. Ainsi, après l'extinction de la ligne directe mâle de Hugues Capet, Philippe de Valois réclamait le trône en vertu de la loi salique; Edouard III, comme plus proche héritier par les femmes; la règle n'était pas si bien reconnue alors qu'elle l'a été depuis; il y avait doute et hésitation. Après la mort de Henri VIII, en Angleterre, il laissait une fille aînée, mais provenant d'un mariage cassé comme illégitime; une seconde fille déclarée aussi illégitime par la condamnation à mort de sa mère; enfin un fils, dernier-né des trois enfans. Il n'y avait pas là légitimité évidente; il y avait doute sur l'ordre de succession entre les enfans. En Portugal, après la mort de Jean VI, don Pedro était l'aîné, mais il s'était fait étranger en acceptant la couronne et la Constitution du Brésil; don Miguel était le second fils; mais il soutenait que, d'après les lois du royaume, le puîné devait succéder en Portugal, lorsque l'aîné occupait un trône étranger : il y avait donc doute et hésitation. Dans ces cas douteux où la légitimité ne frappe pas évidemment tous les yeux, qui établira quels sont les droits légitimes, si ce n'est la nation elle-même, dans les formes consacrées par le temps et l'usage, et par les Constitutions du pays. Ainsi, en France les états - généraux, en Angleterre les deux Chambres, en Portugal les trois ordres, ont dû prononcer, aux diverses époques que nous venons de rappeler, entre les divers prétendans. Ce jugement solennel sur les droits contestés, rendu par ceux qui sont légalement investis de tous les pouvoirs de la nation, constitue, au défaut de la première légitimité évidente, la seconde sorte de légitimité.

Dona Maria ne possède pas plus cette seconde légitimité que la première. Assurément l'on ne pourrait prétendre qu'elle l'ait reçue de la reconnaissance faite par les deux Chambres assemblées en vertu de la nouvelle Constitution. D'abord, comme il s'agissait de statuer sur les droits contestés de don Pedro, l'on ne pouvait pas en remettre le jugement à des pouvoirs créés par lui et qu'il n'avait aucun titre pour créer, s'il n'était pas roi. Ensuite, fût-il évidemment roi légitime, personne n'a reconnu à un roi le droit de changer à son avènement les lois fondamentales de son royaume et d'en bouleverser toutes les institutions. En troisième lieu, la question du droit à la succession du trône ne fut même pas soumise aux Chambres, on ne leur demanda pas de prononcer sur des droits litigieux, et au contraire, on les fit, avant toute délibération, prêter serment à dona Maria. L'on ne peut donc reconnaître à dona Maria aucune des deux légitimités qui règlent partout la succession, et elle n'est, sous aucun rapport, souverain légitime, à moins qu'on n'établisse une troisième sorte de légitimité, tirée de la transmission du trône faite par le possesseur. Mais, outre qu'il y a ici contestation sur les droits du possesseur lui-même, l'on n'a jamais reconnu, dans les Etats où la succession est régulièrement établie, le droit au roi de transmettre arbitrairement son trône à son second ou à son troisième fils ou à tout autre; et certes, une transmission pareille ne peut être regardée comme un titre légitime. Disposer ainsi de son trône après soi, ne peut avoir lieu que dans les Etats despotiques, où il n'y a pas d'autre loi reconnue que la volonté du souverain. Désigner son successeur, indique donc l'absence de toute *loi* sur la succession, et est le contraire de la *légitimité*, d'après l'étymologie même du mot.

Ainsi, sous aucun rapport, dona Maria ne peut être considérée comme souverain légitime du Portugal, même quand les droits de don Pedro seraient incontestables et généralement reconnus.

Don Miguel est-il plus légitime que dona Maria?

Don Miguel n'a pas plus que dona Maria cette première sorte de légitimité qui frappe tous les yeux, et que chacun nomme d'avance sans qu'il soit besoin de discussion ni même de réflexion. Il y a ici doute, incertitude; d'un côté, un droit positif d'héritage, mais suivi d'une renonciation au trône résultant d'une renonciation à son pays; de l'autre, droit tiré des lois du royaume, qui appelle un frère regnicole à la place d'un frère devenu étranger, et souverain d'un royaume étranger.

Il y avait donc deux questions à décider; don Pedro est-il souverain d'un royaume étranger? Résulte-t-il des lois du royaume que quand l'aîné des enfans occupe un trône étranger, son frère doive succéder au trône de Portugal? Et dans le cas où ces questions auraient été résolues en faveur de don Pedro, il se présenterait une troisième question à résoudre : don Pedro abdiquant, peut-il dépouiller son fils aîné de la couronne de Portugal, qui lui appartiendrait alors? A-t-il pouvoir pour céder les droits de son

fils mineur? Et n'est-il pas singulier que lui,
qui prétend comme aîné, exclure don Miguel son
frère puîné, veuille au même moment faire exclure le frère aîné par sa sœur cadette, dona
Maria? L'on voit que la solution nécessaire de
toutes ces questions donne lieu à ce que nous
avons nommé la seconde sorte de légitimité, à
celle qui est reconnue par le consentement de
la nation. Dans quelles formes la nation devait-
elle être ici consultée? Dans les formes établies
par la Constitution de don Pedro? Mais ce serait juger la question par la question. Don Pedro
a donné cette Constitution comme roi de Portugal, et on dit qu'il n'était pas roi de Portugal;
donc il n'a rien pu donner; et d'ailleurs, eût-il
été le roi le plus légitime, avait-il le droit de
changer, à son avènement, les lois fondamentales du royaume? Il fallait donc, comme cela
était arrivé plusieurs fois dans l'histoire de Portugal, soumettre les diverses prétentions aux
Etats du royaume, assemblés conformément aux
anciennes Constitutions. Ces anciennes lois étaient
seules reconnues lors de la mort de Jean VI; le
litige pour la succession devait être décidé par
les lois en vigueur au moment où la succession
s'était ouverte.

Ce qu'il fallait faire est précisément ce qui

a été fait. Les trois ordres ont été assemblés, ont discuté les droits de chaque prétendant, et ont reconnu la légitimité de don Miguel. Dira-t-on que le choix des membres et leur décision ont été influencés et forcés par don Miguel? Il suffira de remarquer ici qu'à l'époque de la dissolution des Chambres, l'armée anglaise était encore en Portugal, et qu'on ne pouvait la soupçonner d'être disposée à appuyer la destruction de la Constitution qu'elle était venue pour maintenir; que la plus grande partie de l'armée portugaise était pour dona Maria et pour la nouvelle Constitution, puisqu'elle se révolta peu après à Oporto contre don Miguel; que les plus ardens défenseurs des droits de ce prince, ceux qui les avaient proclamés dès le premier moment, avaient été obligés de fuir en Espagne après leur défaite, et n'étaient pas encore rentrés en Portugal à l'époque de l'assemblée des Etats. En voilà plus qu'il ne faut pour convaincre que s'il y avait eu influence de la force, elle eût été exercée contre les droits de don Miguel, et qu'il fallut au contraire une immense majorité dans la nation en faveur de ses droits et de l'ancienne Constitution, pour triompher des dispositions de la force militaire nationale et étrangère.

Il résulte de cette discussion : 1° que dona

Maria n'a aucun droit légitime, dans aucun cas, même en supposant don Pedro légitime roi de Portugal; 2° que la succession contestée entre don Pedro et don Miguel appartient légitimement à ce dernier en vertu des lois du royaume, dont les États ont fait l'application au nom de la nation. Nous n'avons point discuté en détail les droits des deux prétendans d'après les lois portugaises, parce que nous ne trouvons rien de plus oiseux qu'une pareille discussion faite en France. Ce n'est ni dans de volumineux écrits, ni dans les journaux, ni à la tribune française, ni dans cette brochure, qu'une telle question peut être utilement discutée et décidée. Nous nous reconnaissons incompétens, et aussi tous les royaumes d'Europe, hors le Portugal, pour porter un tel jugement. Il appartenait aux Portugais seuls, suivant leurs formes constitutionnelles, d'interpréter leurs anciennes lois et de prononcer.

Il est très-curieux de remarquer, dans cette occasion comme dans bien d'autres, jusqu'à quel point les libéraux sacrifient leurs principes au désir de faire triompher leurs opinions libérales, ou plutôt qu'il n'y a pas en eux de principes, mais seulement esprit de parti, et disposition à tout sacrifier au succès du libéralisme.

Pour soutenir la cause de Dona Maria, il faut
que les libéraux soutiennent :

1° Que celui qui est le plus proche héritier
du trône, peut renoncer à son peuple, se rendre
tout à fait étranger à lui, et même son ennemi
comme chef de la révolte d'une colonie contre
la métropole ; que cependant il reste toujours
leur roi malgré eux, malgré les lois et le vœu
national, qui ont toujours exclu les étrangers de
la couronne. (Les voilà bien loin, cette fois, de
leur dogme chéri de la souveraineté du peuple.)

2° Que ce roi peut dédaigner d'user lui-même
de ses droits, et qu'il peut transmettre son peuple, comme la propriété d'un troupeau de mou-
tons, à qui bon lui semble, sans le consulter,
sans son aveu et même contre sa volonté.

3° Qu'un roi peut, à son avènement, changer
suivant son caprice les lois fondamentales du
pays, et dépêcher à son peuple, par un exprès,
leur nouvelle Constitution avec leur nouveau
souverain, sans leur concours, sans leur adhésion, de manière que ses sujets n'aient plus qu'à
courber docilement la tête : doctrine fort rassu-
rante pour notre Charte, que nos libéraux aiment tant, disent-ils, et qui serait par-là remise
en question à chaque règne. Et notez bien que,
dans cette occasion, don Pedro livre son peuple

à l'expérience hasardeuse de ces nouvelles lois, à tous les effets d'un changement complet et soudain, sans seulement diriger ces essais, et sans en courir les risques avec eux.

Jamais les partisans les plus absolus de la légitimité et même de despotisme n'auraient poussé si loin le pouvoir du roi, ni abandonné si complètement les droits des peuples. Mais les libéraux aiment le despotisme, lorsqu'il donne une Constitution ; comme ils abandonnent la liberté individuelle et les droits des citoyens, quand ces citoyens sont des jésuites ou des curés ; comme ils font bon marché de l'honneur national, en votant des médailles au ministre étranger qui vient d'insulter leur nation en pleine paix, à la face du monde, pourvu que ce ministre ait promis appui aux factieux de tous les pays.

Pour montrer aux libéraux à quel point ils sont inconséquens, et jusqu'où entraîne la passion, nous allons placer la scène plus près de leurs yeux. Supposons que Louis XV fût mort jeune, sans enfans : les libéraux trouveraient-ils que dans ce cas, Philippe V, roi d'Espagne, eût été en droit de dire à la France : « Je suis l'héritier légitime, comme le plus proche par le sang ; je renonce à votre trône, et je vous envoie, à ma place, mon second ou mon troisième fils, avec une nouvelle

Constitution dans ses malles ; et comme je veux faire la cour à mon nouveau peuple, seul but qui m'intéresse, cette Constitution sera, s'il vous plaît, conforme à la sienne, sans y oublier même le tribunal de l'inquisition ? » Les libéraux trouvent-ils qu'il n'y eût eu alors rien à objecter, et que la France eût dû courber docilement la tête sous le nouveau souverain, et changer sur le champ ses anciennes lois pour la Constitution d'Espagne ? Pourquoi prétendent-ils donc que le Portugal agisse ainsi dans un cas tout à fait analogue ?

Les qualités de la personne appelée à régner n'entrant pour rien dans les questions de légitimité, il nous a paru inutile de chercher si les histoires d'ogre débitées depuis deux ans sur don Miguel, peuvent ou non s'appuyer sur quelque fondement véritable ; si les reproches sur la violation de ses sermens ne doivent pas être d'abord adressés à l'extrême condescendance (pour ne pas dire la faiblesse) des cabinets européens, qui, cédant à l'impulsion de M. Canning, ont trop précipitamment reconnu une légitimité et une Constitution que le Portugal repoussait, et qui ne put être établie dès le premier moment qu'à l'aide des baïonnettes anglaises. Serait-il surprenant qu'un jeune homme peu instruit de ses droits, lesquels d'ailleurs étaient litigieux et ne sont devenus incontestables que par la décision des Etats du royaume, se soit cru forcé de se résigner à ce que la reconnaissance générale faite par les souverains de l'Europe lui présentait comme un droit positif? qu'au détriment de ses propres droits, qu'il ignorait ou dont il doutait, il ait prêté des sermens partout où on les a réclamés, et même à son arrivée en Portugal? que peu après, mieux éclairé sur ses droits et sur la détermination de la majorité des Portugais de n'en point reconnaître d'autres, il ait remis la décision de cette importante question à ceux qui devaient en connaître? Mais, nous l'avons dit, cette discussion est inutile; nous n'avions à examiner que la question du droit légitime, et dès qu'elle est résolue, il ne peut plus y en avoir d'autre.

FIN.

TABLE.

FIN DE LA TABLE.

www.ingramcontent.com/pod-product-compliance
Lightning Source LLC
Chambersburg PA
CBHW052206270326
41931CB00011B/2245